Elfriede Holzer

Hunt samma scho!

Beiträge zu den Mundarten in Niederbayern

ELFRIEDE HOLZER

Hunt samma scho!

Beiträge zu den Mundarten in Niederbayern

Zeichnungen von ChriSch

Grafenauer Presse und Medien
Verlag Samples Stecher

by Grafenauer Presse und Medien
Verlag Samples Stecher
Weilergarten 15 · 94481 Grafenau
Tel. 08552/974975 · Fax 08552/974976
E-Mail: grafenauer.presse-medien@t-online.de

Fotografische Bearbeitung der Illustrationen:
Diana Maria Baumgartner (diebaumgartnerin)

ISBN 978-3-938401-63-7

INHALT

VORWORT

Unser bairischer Dialekt ist, wie jeder andere, ein lebendiges Kulturgut. Er steht für Bodenständigkeit und zeugt von Selbstbewusstsein, ruft manchmal Spott hervor und spiegelt angeblich die Wesensart seiner Sprecher wider. Zweifelsohne hat er aber eine identitätsstiftende Wirkung.
Johann Andreas Schmeller hat bereits im frühen 19. Jahrhundert in seinen Werken das Bairische als autonomes sprachliches System dargestellt. Nach einer Phase von Desinteresse und fehlender Wertschätzung ist nun seit einigen Jahrzehnten sein berechtigter Stellenwert in der Sprachwissenschaft weitgehend anerkannt. Schmellers Bairisches Wörterbuch ist jedoch immer noch d i e Instanz für alle möglichen Fragen zum Bairischen. Ich habe sie bei der Erarbeitung meiner Beiträge häufig konsultiert.

Die sprachwissenschaftliche Forschung teilt das Bairische in Nordbairisch, Mittelbairisch und Südbairisch ein. Die Beiträge in diesem Buch haben in erster Linie den mittelbairischen Dialekt, wie er in Niederbayern überwiegend gesprochen wird, im Blick. Themen sind Lautung, Wortschatz und Grammatik in ihren jeweiligen Varietäten im Vergleich zueinander und im Vergleich zur hochdeutschen Standardsprache. Eine Grundlage für die Themenauswahl war der Sprachatlas von Niederbayern, an dessen Erstellung auch ich einige Jahre mitarbeiten durfte. Viele Anregungen kamen auch von Freunden und Bekannten. Die Beispiele für die behandelten Phänomene stammen aus dem Sprachgebrauch in zufälligen Unterhaltungen, aus bairischer Literatur und zu einem großen Teil aus den Mundarterzählungen, die der Volkskundler Prof. Dr. Reinhard Haller über Jahrzehnte im Bayerischen Wald zusammengetragen, verschriftlicht und in mehreren Bänden veröffentlicht hat.

Wissenschaftliche Aufwertung erfährt das vorliegende Buch durch die Beiträge meiner ehemaligen Kolleginnen Dr. Rosemarie Spannbauer-Pollmann und PD Dr. Nicole Eller-Wildfeuer sowie meiner früheren Chefs an der Universität Passau, den emeritierten Professoren Dr. Hans-Werner Eroms und Dr. Rüdiger Harnisch.

Eine künstlerische Note erhält das Buch durch die Illustrationen des renommierten Glaskünstlers und Zeichners ChriSch aus Rabenstein, dessen Zeichnungen den Beiträgen jeweils thematisch zugeeignet und immer einen zweiten oder dritten Blick wert sind, um alle Details zu erfassen. ChriSch hat auch die Außenansicht des Buches gestaltet. Tausend Dank für diesen Freundschaftsdienst!

Zu danken habe ich auch meiner Freundin und ehemaligen Kollegin Sigrid Graßl und meiner Tochter Sonja Weiderer, die beide mit großer Sorgfalt jeden Beitrag geprüft haben und mir viele wichtige Hinweise und Anregungen gegeben haben.
Mein ganz besonderer Dank gilt dem Grafenauer Verleger Erich Stecher, der mich immer wieder ermutigt hat, das Projekt „Dialektbuch" in Angriff zu nehmen und es schließlich mit seinem verlegerischen Knowhow begleitet hat.
Zu guter Letzt ein Dankeschön an die PNP bzw. die zuständigen Redakteure und Redakteurinnen, die von 2012 bis 2021 die Veröffentlichung meiner Artikel im Rahmen der Serie „Auf Bairisch gsagt" ermöglicht haben.

Elfriede Holzer

Heigzeit

„Gmahde Wiesn“ sind ab dem Frühsommer ein alltäglicher Anblick – es ist „Heigzeit“. Was in der heutigen technisierten Zeit von wenigen Personen und speziellen Gerätschaften bewältigt werden kann, war noch bis Mitte des letzten Jahrhunderts ein personal-, zeit- und körperkraftintensives Unterfangen. War das Gras gemäht und welk, musste es mehrmals gewendet werden, damit es gleichmäßig und schnell trocknen konnte. Um die Angriffsfläche für den nächtlichen Tau möglichst gering zu halten, wurde das Heu am Abend zu Reihen oder Haufen zusammengerecht. Die Haufen heißen im überwiegenden Teil Niederbayerns „Heda“ und sind bereits in J.A. Schmellers Bayerischem Wörterbuch als „Häderlein“ in dieser Bedeutung aufgeführt. Ganz im Westen (zum Beispiel Riedenburg, Kelheim), Osten (zum Beispiel Büchlberg, Wegscheid) und Süden (zum Beispiel Wittibreut, Würding) Niederbayerns macht man „Schöwal“, was auf das mittelhochdeutsche Wort „Schober“ mit der Bedeutung „Haufen“ zurückgeht.
Vielfältiger ist die Bezeichnung für die Reihen. Im Bayerischen Wald werden sie „Schlachtl“ genannt (von mittelhochdeutsch „Slaht“, einer Ableitung des Verbs „slahen“, woraus das heutige „schlagen“ wurde). Auch „Schdrigl“ ist nördlich der Donau gebräuchlich, dieser Ausdruck kommt aus dem Lateinischen von „Striga“, das ebenfalls die Bedeutung „Reihe gemähten Grases oder Getreides“ hat. Im Südosten Niederbayerns macht man „ Zein“ („Zeile“, mittelhochdeutsch „Zile“), südlich der Donau „Schdrangan“ (mittelhochdeutsch „Strange“ mit der Bedeutung „Strang, Streifen“) und „Schdraim, Schdram“ (mittelhochdeutsch „Stram, Stroum, Streim“ mit der Bedeutung „Streifen, Strahl“).
War die Wetterprognose zur Heuzeit schlecht, gab es auch die Möglichkeit, das gemähte Gras zum Trocknen aufzuhängen. Dazu wurden unterschiedliche Holzkonstruktionen verwendet, zum Beispiel Gestelle in Form eines A mit zwei Querstreben, von denen zwei aneinander gelehnt und an der Spitze fixiert wurden, oder auch in Form eines Pfostens mit waagrechten Armen, die in verschiedene Richtungen zeigten. Bezeichnet wurden diese Konstruktionen als „Heintsn“ oder „Hoantsn“ (Heinzen), „Kleemana“, „Heiger“ oder „Heibök“.

Eine modernere Variante waren die „Schwedenreiter“: Zwischen einer Reihe von Holzpfosten wurde in mehreren Etagen Draht gespannt und daran das Gras aufgehängt. Die „Schwedenreiter“ haben ihren Namen wohl nicht von Reitern schwedischer Nationalität, die diese Art des Heuens nach Bayern gebracht haben. Wahrscheinlicher ist, dass sich „Schweden“ von mittelhochdeutsch „Swaden“ herleitet, womit die Menge an Gras bezeichnet wird, die durch einen Schwung der Sense niedergemäht wird. In der Mehrzahl werden daraus die „Swaeden, Sweden“ bzw. „Schweden“. „Reuter, Reiter“ ist ein Sammelbegriff für die Konstruktionen zum Grasaufhängen insgesamt.
War aus dem Gras dann endlich resches Heu geworden, stand der Transport in den heimischen Stadel an. Dazu musste das Heu zunächst wieder zu Reihen zusammengerecht werden, nun aber nicht mehr zu den kleineren „Schlachtl“, sondern zu den größeren „Schlochtn“. Mit der Heugabel wurde es dann zusammengeschoben und auf den Heuwagen geladen. Das Aufladen war eine recht genau organisierte Tätigkeit. Spätestens, wenn die Ladung die Oberkante der Seitenwände des Heuwagens erreicht hatte, musst das Heu so platziert werden, dass möglichst viel auf den Wagen passte, dort auch verblieb und nicht beim nächsten ruckeligen Anfahren wieder herunterfiel. Deshalb stand eine Person auf dem Heuwagen, um das hinauf gegabelte Heu entgegenzunehmen. Natürlich gibt es auch hier für jede Tätigkeit eine eigene Bezeichnung. Das Aufladen ist überall als „Afleng“ bekannt, ganz im Westen und im Osten sogar ausschließlich. „Afgem“ sagt man nördlich und südlich der Donau, „Afschlong“ nur nördlich der Donau, und auch hier nicht flächendeckend.
Die Menge Heu, die auf den Wagen gegabelt wird, musste für die Person auf dem Wagen, meist eine Frau, gut zu fassen sein. „Bauschen“ (mittelhochdeutsch „Busch“ mit langem „u“) wird diese Menge in ganz Niederbayern genannt, ein „Oamvoi“ oder ein „Schiwe“ hauptsächlich nördlich der Donau. „Fassen“ ist auf niederbayerischem Gebiet die vorherrschende Bezeichnung für das Entgegennehmen und Platzieren des Heus auf dem Wagen, vereinzelt kommt „heirichtn“, „lon“, „osetzn“ und „oleng“ vor. Die mundartliche Form von „fassen“ lautet „vossn“ oder „vosstn“ mit Sprosskonsonant „t“ (wie zum Beispiel auch bei „niesen“: „niassn/nejssn“ und „niasstn/nejsstn“). „Fassen“ (mittelhochdeutsch „vazzen“) ist zudem ein schönes Beispiel, wie in der

Mundart bei ein und demselben Wort durch verschiedene lautliche Realisierungen eines Vokals unterschiedliche Bedeutungen zum Ausdruck gebracht werden können. Die Bedeutung für das mundartliche „vossn/vosstn" mit „o" für den Vokal „a" wurde gerade beschrieben. Dunkles „a" spricht man in der Mundart, wenn man „fassen" wie im Hochdeutschen gebraucht, zum Beispiel „des is ja ned zum Fassn!". „Fassen" mit ganz hellem „a" wie in „Kaas" hat wieder eine andere Bedeutung: „Den fass a ma!" („Den knüpfe ich mir vor!")

Zurück zum Heuwagen: Um dem oftmals recht hoch aufgeladenen Heu einen sicheren Halt für den Transport zu geben, wurde zuletzt noch der „Wiesbaum" oben drauf gelegt. Im größten Teil Niederbayerns nördlich und südlich der Donau heißt er „Wischbaum" oder „Wiaschbaum", ganz im Süden „Wisbaum" und „Wiasbaum", östlich der Ilz ebenfalls „Wiasbaum", hier findet sich jedoch auch ein Areal mit „Miasbaum". In der Forschung herrscht Uneinigkeit darüber, wo dieser Ausdruck herkommt. Eine vordergründig Erklärung ist der Zusammenhang mit „Wiese" (mittelhochdeutsch „Wise" mit kurzem „i"). Auch mittelhochdeutsch „wisen" (mit langem „i") mit der Bedeutung „weisen", „leiten" kommt in Frage oder, noch weiter zurückgehend, gotisch „gawiss" mit der Bedeutung „Band, Verbindung" – dies eventuell als Hinweis darauf, dass der Wiesbaum ja auch befestigt werden musste. Auch dafür gibt es unterschiedliche Bezeichnungen: Man kann den Wiesbaum „roadln" („reiteln"), „oleng" oder „niedabintn". War auch dies erledigt, stand einer sicheren Heimfahrt mit der Heuladung nichts mehr im Wege.

I wünsch enk a glückseligs Neis Jor

Die „alten Germanen“ teilten die Jahreszeiten nur in Sommer und Winter ein (auch für das „Jahr“ hatten sie übrigens keinen Ausdruck). Das ist wohl auch ein Grund dafür, dass diese beiden Jahreszeiten in allen deutschen Mundarten denselben Namen tragen und es keine anders lautenden Entsprechungen gibt. Erst in späteren Sprachstufen sind Bezeichnungen für Frühjahr und Herbst belegt, der „Auswärts“ wird zum Beispiel erst im 17. Jahrhundert in schriftlicher Form so benannt, im mündlichen Sprachgebrauch war das wohl schon früher der Fall.

Das Jahr geht auswärts, dem Sommer zu, und einwärts, wenn es im Winter wieder zu Ende geht – diese Vorstellung vom Jahresablauf führte zur Ausprägung von „Auswärts“, der auf niederbayerischem Gebiet sowohl südlich als auch nördlich der Donau vorkommt. „Einwärts“, eigentlich auch in unserem Sprachraum beheimatet, ist in der heutigen gesprochenen Mundart nicht mehr gebräuchlich.

Es sind unterschiedliche Lautvarianten von „Herbst“ üblich, überwiegend „Hiagst“, daneben aber auch „Hiabst“ und „Hiascht“ im Nordwesten Niederbayerns und vereinzelt „Herist“ mit Sprossvokal im Südosten. Ebenfalls ganz im Nordwesten, um Kelheim, beginnt das „Frühjahr“-Gebiet, das sich fast komplett über das nördliche Bayern erstreckt. Im Südosten, in der „Neuen Welt“ (zum Beispiel Breitenberg, Wegscheid, Untergriesbach), kennt man eine weitere Variante für den Frühling, nämlich den „Lassing“.
Dieses Wort hat sich aus althochdeutsch „lenzo“ und mittelhochdeutsch „lenze, langez“ entwickelt und meinte ursprünglich das Längerwerden des Tages.

Mundartlich Bemerkenswertes gibt es auch für die „fünfte Jahreszeit“, den Fasching oder die Fasnacht, zu berichten. Betrachtet man die Verteilung beider Varianten in Bayern, so überwiegen die Mundartformen von „Fasnacht“ ganz eindeutig, nur im Südosten Bayerns dominiert der „Fasching“. So ist auch Niederbayern ausdrückliches „Fasching“-Gebiet außer dem vorhin schon angesprochenen kleinen Zipfel im Nordwesten (zum Beispiel Kelheim, Riedenburg, Biburg), wo es keine Alternative zur „Fosnacht“ gibt.

Von ihrer Bedeutung her scheinen beide Bezeichnungen auf ein heidnisches Fruchtbarkeitsfest zurückzuführen zu sein, worauf auch noch mittelhochdeutsch „vasen“ (sich fortpflanzen, gedeihen) bzw. „vasel“ (der Fortpflanzung dienendes männliches Vieh) hindeuten. In christlich geprägter Zeit kam es dann zu einer Umdeutung im Sinne von „Fast-Nacht“ als Abend vor dem Beginn der Fastenzeit (obwohl mundartlich kaum Formen mit -t- auftreten). „Fasching“ wird dementsprechend auf mittelhochdeutsch „vaschanc“ (Ausschank des Fastengetränkes) zurückgeführt.

Vor diesem Hintergrund kann wohl der folgende Spruch aus der Gegend um Ringelai nicht ganz ernst gemeint sein:
Heid is da Faschengdog,
schdicht da Baua d’Noschin o
und an Bean aa dazua,
hama Fleisch gnua.

Sollte jener Bauer dennoch das Fastengebot nicht eingehalten haben, so wäre am „Antlassdog“ oder „Antlasspfinsta“ noch Gelegenheit, durch ein gutes Werk die göttliche Strafe für den Fastenfrevel abzuwenden.

Diese Bezeichnung für den Gründonnerstag geht zurück auf mittelhochdeutsch „antlaz“ mit der Bedeutung „Sündenerlass, Ablass“, ist jedoch bei den Mundartsprechern – wenn überhaupt – nur noch in der Erinnerung präsent.

Zu Ostern, dem höchsten kirchlichen Fest, gibt es keine mundartliche Alternative, ebenso wenig zu Pfingsten. Beides sind eigentlich Pluralformen: Ostern geht zurück auf althochdeutsch „ostarun“, das sich wiederum aus dem Namen der germanischen Göttin des Frühlings herleitet. Im Dialekt kennt man es mit einem Zwielaut, „Oustan“, im Südosten als „Eostan“ oder „Eoustan“. Der früher gängige Gebrauch in der Mehrzahl („Es geht af d’Oustan

zua“) ist weitgehend abhanden gekommen. Ob der „Oustara“ aus der Redensart „Der schreit wej an Oustara“, die mancherorts im Bayerischen Wald zu hören ist, mit Ostern zu tun hat oder mit einer Person „aus dem Osten“, ist bislang nicht geklärt.

Pfingsten hat seinen Ursprung im Griechischen, „pentekoste hemera“ bedeutet „der fünfzigste Tag nach Ostern“ und hat sich gemäß sprachgeschichtlicher Gesetzmäßigkeiten schließlich zur heutigen Form entwickelt, die auch im Dialekt keine anderslautenden Varianten bietet.

Anders bei Fronleichnam, einem weiteren Hochfest der katholischen Kirche. Anlässlich dieses Feiertages werden die Häuser geschmückt, junge Birken an die Straßenränder gestellt, Blumenaltäre errichtet, die Prozessionsteilnehmer putzen sich festlich heraus – alles prangt (von mittelhochdeutsch „prangen“) am „Prangdog“. Die Mädchen tragen Blumenkränze im Haar und aus den Birkenzweigen werden nach der Prozession Kränze geflochten, daraus ist im östlichen Teil Niederbayerns wohl der „Kranzldog“ hervorgegangen. Wie der Gründonnerstag war auch der Fronleichnamstag ein Ablasstag, als solcher benannt wird er hauptsächlich im Südwesten Niederbayerns (zum Beispiel Babing, Vilsheim) und im angrenzenden Oberbayern.

Machen wir nun einen großen jahreszeitlichen Sprung nach vorne und betrachten einige Feiertage, die noch vor der „fünften Jahreszeit“ liegen. Der Nikolaus ist nicht zuletzt wegen seines finsteren Begleiters bei den Kindern gefürchtet. Die dialektalen Varianten sind südlich und nördlich der Donau „Niglo“, im südlichen Rottal „Niglou“, jeweils mit Betonung auf der zweiten Silbe. Der „Nigl“ sowohl mit kurzem als auch mit langem -i- ist neben dem „Niglo“ auch im Bayerischen Wald vertreten. Im Südwesten Niederbayerns finden wir den „Niklos“ und ganz im Südosten, wo wir auch schon den

„Herist“ und den „Lassing“ verortet haben, kommt am 6. Dezember der „Miglo“. Zu erklären ist das anlautende M- durch die Nähe des tschechischen „Mikoláš“. Die Begleitung des Heiligen ist überall als „Krampus“ bekannt, mitunter auch als „Ruprecht“ oder „Klaubauf“.

Dass am Heiligen Abend in Bayern nicht der Weihnachtsmann, sondern das Christkind kommt, ist nichts Neues; auch die Bezeichnung für diesen Feiertag, die sich vom mittelhochdeutschen Dativ Plural „wihen nahten“ herleitet, ist – von geringen lautlichen Unterschieden abgesehen („Weinochtn, -nachtn, -nechtn“) – überall dieselbe.

Am 1. Januar beglückwünscht man sich zum Neuen Jahr, man geht zum „Neijor ogwinga“ (Neujahr abgewinnen) zum Beispiel in der Nachbarschaft. Im Gebiet südlich der Donau und nördlich der Isar geht man zum „Neijor owünschn“. Folgender Spruch verhalf dabei mancherorts den Kindern wohl zu einer Leckerei oder ein paar Zehnerln als Dank für die guten Wünsche:

I wünsch enk a glückseligs Neis Jor,
s'Christkindl liegt im krausadn Hor,
a langs Lebm, a gsunds Lebm
und s'Himmereich danebn!

I bi a behmischer Schedl

PD Dr. Nicole Eller-Wildfeuer

„I'm Bohemian minded!“, „I bi a behmischer Schedl!” und„ I bi a Amerikaner-Behm!“: So bezeichnen sich Personen, die den deutschböhmischen Minderheiten in Neuseeland und der USA angehören.
Seit jeher verließen Menschen ihre angestammten Territorien aufgrund von schlechten wirtschaftlichen oder politischen Verhältnissen, um ihr Glück in der Fremde zu suchen. Die Vorfahren der befragten Personen haben vor allem im Laufe des 19. Jahrhunderts ihre Heimat in den damals deutschsprachigen Gebieten im heutigen Tschechien verlassen und ließen sich in Rumänien, der Ukraine, Neuseeland, Brasilien und den USA nieder. Die Informanten sprechen einen mittelbairischen, mittel-nordbairischen bzw. nordbairischen Dialekt, wie er in den grenznahen Regionen von Niederbayern und der Oberpfalz vorherrschend ist. Für „Kuh“ wird sowohl die Bezeichnung „Kua“ als auch „Kou“ verwendet. In den Sprachverbänden existieren unterschiedliche Benennungen für die (ehemalige) Familiensprache, die unter anderem als „Österreichisch“, „Deutschböhmisch“, „Bairisch“, „Boirisch“, „Schwobisch“ und „Behmisch“ tituliert wird. Die Informanten in Kansas bezeichnen ihren Dialekt beispielsweise als „Deutschböhmisch“ oder auch „Österreichisch“, was teilweise in Zusammenhang mit der Arbeit von Kulturinstituten zu sehen ist. „German“ (Deutsch) hingegen ist die Sprache der Wolgadeutschen, die sich ebenfalls vor ca. 150 Jahren im Mittleren Westen der USA ansiedelten. Die umgebende(n) Mehrheitssprache(n) wie das Englische, das Portugiesische, das Rumänische oder auch das Ukrainische erlernten die Informanten oftmals erst bei Schuleintritt im Kontakt mit Mitschülern oder Spielkameraden auf den Dörfern.

Eine mehrsprachige Prägung der Informanten war vor und nach dem Zusammenbruch der ehemaligen Sprachverbände und dem Verschwinden der deutschen Sprache aus weiten Bereichen des gesellschaftlichen Lebens bei den befragten Personen und teilweise auch bei ihren Vorfahren die Konsequenz. Die deutsche Varietät war lange Zeit die Nischensprache innerhalb des Familienverbands und wurde von Generation zu Generation weitergegeben.

In einigen Jahrzehnten wird die (ehemalige) Familiensprache aufgrund eines komplexen Faktorenbündels – mit Ausnahme von Rumänien – in den USA, Neuseeland, der Ukraine und Brasilien verschwunden sein.

In den Jahren 2007 bis 2012 wurden zahlreiche Interviews mit Sprechern in den USA (Kansas, Minnesota, Washington), in Neuseeland, im rumänischen Banat und in Transkarpatien (Ukraine) geführt. Dialektbefragungen mit brasilianischen Informanten konnten während zweier Besuche 2007 und 2011 in der Lam gemacht werden, als diese mit dem „Luftschiff", wie die Deutschböhmen in Brasilien zum „Flugzeug" sagen, die Heimat ihrer Vorfahren besuchten.
Die sprachliche Situation war zu Beginn in allen Sprachinselverbänden durch Einsprachigkeit geprägt, woraus sich dann allmählich hauptsächlich mehrsprachige Verhältnisse entwickelten. Vor allem die deutschböhmischen Nachfahren in den USA und in Neuseeland verweisen darauf, dass bereits seit längerem das Englische dominiert, der deutsche Dialekt wird bis auf wenige Ausnahmen unregelmäßig verwendet.

In Neuseeland und den USA gibt es zahlreiche kontaktsprachliche Erscheinungen mit dem Englischen. Tony Bayer, der kompetenteste neuseeländische Informant, berichtete während der Befragung, dass ihn wöchentlich ein „Wai bsoucht, de wos me schauern doud" (von engl. „to shower", „duschen"). In seinem großen Garten hatte er zahlreiche „Bietschnbäume" (von engl. „peach", „Pfirsich") und sein Schwiegersohn „rannte ein Geschäft" (von engl. „to run a business", „ein Geschäft führen"). Das für das bairische Sprachgebiet kennzeichnende und aus dem Gotischen stammende Kennwort „Pfeid" („Hemd") ist in Neuseeland und den USA nicht mehr geläufig, außer in einem Fall, wo der Bruder einer Informantin seit Kindheitstagen den Spitznamen „da Pfoidlade" trägt, wobei der Frau die Bedeutung des Wortes nicht mehr bewusst ist. Ein brasilianischer Informant brachte bei seinem Besuch in der Lam dem Bürgermeister eine „brasilianische Pfoad" als Gastgeschenk mit, bezeichnete jedoch den Bürgermeister versehentlich als „Herr Jägermeister", da ihm das deutsche Wort nicht geläufig war, weil seine Eltern bereits das portugiesische „prefeito" verwendet hatten.

In deutschböhmischen Siedlungen im rumänischen Banat wird der Dialekt noch immer an die nachfolgenden Generationen tradiert. Es konnten einige jüngere Sprecher ausfindig gemacht werden, die neben dem angestammten Dialekt auch die deutsche Standardsprache und selbstverständlich Rumänisch beherrschen.

Die transkarpatischen Deutschböhmen sind laut eigener Aussage alle mehrsprachig, neben der Beherrschung der deutschen Varietät sprechen die Informanten fließend Ruthenisch (eine Varietät des Ukrainischen) und Russisch, darüber hinaus meist auch noch Ungarisch (was auf die Anwesenheit einer großen ungarischen Minderheit in der Region zurückzuführen ist). Auf die Frage, wo er denn seine Sprachen erlernt habe, antwortete ein fünfsprachiger ukrainischer Bauer: „Ja, auf der Gossn!" Auf der Straße also. Die Tatsache, dass er fünf Sprachen beherrscht, scheint für den Mann keine Besonderheit zu sein.

Auch in der brasilianischen Stadt Saõ Bento, im Staat Santa Catarina, existiert eine sehr intakte Sprechergemeinschaft mit mehreren, auch jüngeren Sprechern, die den nordmittelbairischen Mischdialekt pflegen.

Die demographischen Faktoren variieren innerhalb der untersuchten Siedlungsverbände beträchtlich und waren in den letzten Jahrzehnten tiefgreifenden Veränderungen unterzogen. So sind einerseits die Sprecherzahlen beträchtlich gesunken. Andererseits hat die Zahl von Fremdheiraten zugenommen. Wurde in der Eltern- und Großelterngeneration untereinander geheiratet, so nimmt dieser Trend vor allem bei den Nachkommen der Befragten ab. Vor allem in Neuseeland, Brasilien und den USA war von gesellschaftlicher Seite ein starker Adaptionsdruck und auch -wunsch vorhanden, wohingegen die deutschen Sprachminderheiten in Rumänien und in der Ukraine ab 1989 gewissen Minderheitenschutz besaßen und sich somit zu ihrer Sprache bekennen durften. Neuseeland, die USA und Brasilien haben das Schulsystem in deutscher Sprache bzw. die Akzeptanz derselben an der Schule bereits vor Jahrzehnten eingebüßt, wohingegen Rumänien seit jeher über ein deutsches Schulsystem bis hin zum Lyzeum (die rumänische

Bezeichnung für das Gymnasium) verfügt, welches sich auch bei rumänischen Schülern großer Beliebtheit erfreut. Auch in der Ukraine wird Deutsch wegen des hohen Marktwertes der Sprache zumindest als Fremdsprache gelehrt und gelernt. Ebenso sind die deutschen Varietäten in Rumänien und der Ukraine durch die Existenz von deutschen Massenmedien gestützt. Eine rumänische Frau berichtete, sich regelmäßig die im BR ausgestrahlte Serie „Dahoam is dahoam" anzusehen, „weil die Leut genauso reden wei mia". Die Informantin legt auch Wert darauf, dass ihre Enkelkinder „Nadl" zu ihr sagen und nicht „Oma", denn das kommt ihr „komisch vor, so behmisch, wie sie ist".

Im Falle der Böhmerwaldmundarten wird in wenigen Jahrzehnten die Situation eintreten, dass sie beispielsweise in Rumänien länger existieren werden als im Ursprungsgebiet, denn in Tschechien finden sich kompetente Sprecher nur noch in der älteren Generation.

Dea hod ma a Glesch gmocht!

Der Kopf ist ein besonders wichtiger Teil unseres Körpers, beherbergt er doch fast alle unserer fünf Sinne. Vielleicht ist dies ein Grund dafür, dass die Mundart eine schier unerschöpfliche Bezeichnungsvielfalt für diesen Körperteil hervorgebracht hat. Viele Ausdrücke für den Kopf sind jedoch entweder abfällig oder scherzhaft gemeint. Über den „Schel", der in ganz Niederbayern und weit darüber hinaus geläufig ist, schreibt J.A. Schmeller bereits 1827 in seinem „Bayerischen Wörterbuch": „Schädel verächtlich für Kopf". In unserem heutigen mundartlichen Sprachgebrauch wird „Schel" nur zum Teil verächtlich verwendet, häufig ist es eine wertfreie Bezeichnung für „Kopf". Verstärkt nördlich der Donau kommt die Bezeichnung „Bejmas, Boimas" vor, die wohl auf mittelhochdeutsches „Bumz, Bimz" zurückgeht, ebenso wie der „Bimsstein". Hauptsächlich südlich der Donau sagt man „Bele" zum Kopf; dieser Ausdruck ist im Zusammenhang mit einer Verkleinerungsform von „Ball", nämlich „Bällein" entstanden. Weit verbreitet ist die Bezeichnung „Measa, Ma(r)sa" für den Kopf, welche sich vom mittelhochdeutschen „Morsaere" herleiten lässt und im Hochdeutschen als „Mörser" die entsprechende Gerätschaft, aber nicht den Kopf meint. Weitere Ausdrücke für den Kopf, deren Herkunft hier nicht weiter erklärt wird, sind „Blombus", „Hoandsl", „Weisa", „Scheps", „Grind", „Gimpe".

Eine eigene Kategorie stellen Bezeichnungen dar, die sich – wie „Bele" – auf die Form des Kopfes beziehen und sich häufig aus dem „Gemüsegarten" bedienen: „Roum/Ruam", „Bian", „Bludsa" (frühneuhochdeutsch „Bluzer" in der Bedeutung „ausgehöhlter Kürbis"), „Koirawe", „Gunkl" (Futterrübe), „Kiawas" (Kürbis), „Haipe" (vgl. „Krauthäupel"). Natürlich gibt es auch eine lange Reihe von Kombinationen mit den Grundwörtern „Kopf" und „Schädel", wie etwa „Gipskobf", „Bianschel", „Schwoischel" („Schwollschädel"), „Schtroukobf", um nur einige zu nennen. Was die mundartliche Ausdrucksvielfalt betrifft, hat die Vorderseite des Kopfes eindeutig mehr zu bieten als der rückwärtige Teil, der – mehr oder weniger – von Haaren bedeckt ist. Die Bezeichnungen für das „Gesicht“ sind, außer „Gsicht“, durchweg abwertend gemeint. Wer von einem „Gfris“ oder „Glesch“ spricht, beschreibt damit gewiss kein Antlitz, das durch ausgesprochene Schönheit besticht. Beides wird aber nicht nur für „Gesicht“ verwendet, sondern auch für einen speziellen Gesichtsausdruck, nämlich die Grimasse. „A Gfris schnei“ hat ein Bedeutungsspektrum von „Gesicht verziehen“ bis zu „Grimasse schneiden“.

„Dea hod ma a Glesch gmocht“ sagt man von jemandem, der gezielt an eine andere Person gerichtet zum Beispiel die Zunge herausstreckt. „Trean(d)schn“, „Ledschn“ und „Fotzn“ lassen ebenfalls keinen erfreulichen Anblick vermuten. Die meisten der genannten Bezeichnungen charakterisieren ursprünglich die untere Gesichtshälfte mit dem Mund und seine Funktion der Nahrungsaufnahme. In dieser Bedeutung waren sie wohl auch nicht abfällig gemeint.

In „Gfris“ etwa ist der Zusammenhang mit „fressen“ noch deutlich erkennbar. Die „Lätsch, Ledschn“ steht laut Bayerischem Wörterbuch von J.A. Schmeller für „großen Mund“. Auch „Trean(d)schn“ erklärt Schmeller als verächtliche Bezeichnung für den Mund. Durch Bedeutungsübertragung werden diese Ausdrücke dann für das ganze Gesicht verwendet. Besonders deutlich ist dies bei „Fotzn“. Für den Mund bzw. die Lippen wird auch die kurze Form „da Fotz“ verwendet und zwar vor allem nördlich der Donau im Bayerischen Wald. „Fotzn“ kann im heutigen mundartlichen Gebrauch beides bezeichnen, das Gesicht oder aber nur den Mund. „Hoit dei blede Fotzn“ lautet die recht unfreundliche Aufforderung an einen Schwätzer, ruhig zu sein.

Kommt der Angesprochene der Aufforderung nicht nach, findet „Fotzn“ in einer weiteren Bedeutung Verwendung: „I gib da glei a sechane Fotzn!“ Für die Umschreibung der Ohrfeige ist „Fotzn“ im gesamten niederbayerischen Raum gebräuchlich, ebenso wie „Watschn“, das über etliche lautliche Veränderungen wohl aus dem mittelhochdeutschen „Orewetzelin“ („Ohrmuschel“) hervorgegangen ist. Die „Schejn“ als Kurzform von „Maulschelle“ ist ebenfalls weit verbreitet. Anders dagegen die „Detschn“, laut Schmellers

Bayerischem Wörterbuch ein „Schlag mit der flachen Hand“, welche fast nur nördlich der Donau bekannt ist. Aber egal, ob man eine „Fotzn“, „Watschn“, „Schejn“ oder eine „Detschn“ verabreicht bekommt, das Ergebnis ist schmerzhaft und der Gesichtsausdruck wird weinerlich, so dass der Ohrfeigenverteiler befriedigt feststellen kann: „Gej, ejtz hängt da d'Ledsch/ d'Trean(d)schn/ d'Fotzn oi/owe“.

A Sog Bré

Was bedeutet „Korn"? Jeder Bairisch-Sprecher wird spontan antworten „Roggen", ebenso verhält es sich auch in der Mitte Deutschlands. In Norddeutschland bedeutet „Korn" Getreide allgemein; spricht man im Schwäbischen vom „Korn", ist Dinkel gemeint. In Amerika bedeutet der englische Ausdruck „corn" Mais, in Irland und Schottland ist damit Hafer gemeint, im Süden Englands Weizen und in Schweden Gerste. Das reinste Sprachchaos, möchte man auf den ersten Blick meinen! Bei genauerer Betrachtung ist dies jedoch leicht zu entwirren. Im Mittelhochdeutschen steht „Korn" für „Getreidekörner" als Sammelbegriff. Je nachdem, welche Getreidesorte in einer Gegend überwiegend angebaut wurde, fand in der jeweiligen Region dafür der Ausdruck „Korn" Verwendung. Da zum Beispiel in Altbayern vorherrschend Roggen angebaut wurde, trat dafür die Kollektivbezeichnung „Korn" ein. Diese sprachliche Entwicklung fand im 13. Jahrhundert statt. In späterer Zeit übernahm „Getreide" diese Funktion. „Getreide" hat sich aus mittelhochdeutsch „Getregede" entwickelt und bedeutete ursprünglich „alles, was getragen wird", also zum Beispiel auch Kleidung, Last, Gepäck.
In der heutigen eingeschränkten Bedeutung wurde es erst mit der Ausbildung der Standardsprache gebräuchlich, fand aber natürlich auch Eingang in die Mundarten. So wird in unserem niederbayerischen Sprachgebiet „Troad/Troed" als Sammelbezeichnung für die körnertragenden Feldfrüchte verwendet. Daneben hat sich der Ausdruck „Korn" für die Getreideart Roggen weitgehend erhalten. Alle anderen gebräuchlichen Getreidesorten fallen ebenfalls unter den Kollektivbegriff „Getreide", werden aber individuell bezeichnet: Der Weizen („Woaz/Woez") kommt vom mittelhochdeutschen „Weizze" und hat seinen Namen von der hellen Färbung des Mehls, das er ergibt. Aus mittelhochdeutsch „habere" hat sich der mundartliche „Howan" entwickelt, wobei das „b" zum Reibelaut „w" erweicht wird (wie zum Beispiel auch in „Kübel", Räuber", „aber"). In der Schriftsprache hat sich die niederdeutsche Form „Hafer" durchgesetzt. Die Gerste hieß bereits in althochdeutscher Zeit „Gersta" und mittelhochdeutsch „Gerste", in der bairischen Mundart gibt es nur geringe regionale Unterschiede in der Aussprache: „Gearschdn" oder „Gearschn".

Für die Getreidesorte Mais kann es keinen entsprechenden Ausdruck im Mittelhochdeutschen geben, da der Mais erst seit dem 16. Jahrhundert in Europa überhaupt bekannt war und erst seit der 2. Hälfte des letzten Jahrhunderts auch in unserer Region verstärkt angebaut wird. Das Grundwort „Mais“ in vielen Ortsnamen (zum Beispiel Bischofsmais, Bodenmais, Reinhartsmais) hat dementsprechend auch nichts mit dem Getreide zu tun, sondern geht auf mittelhochdeutsch „meize“ in der Bedeutung „Holzschlag“ zurück. Für die Getreidesorte Mais ist auf niederbayerischem Gebiet die auch in Österreich übliche Bezeichnung „Gukaruz“ gebräuchlich, welche wiederum slawische Wurzeln hat (zum Beispiel tschechisch „Kukuřice“). Speziell im Landkreis Regen ist auch häufig die Variante „Gukaluz“ zu hören. Als schriftsprachliche Form ist „Kukuruz“ übrigens sogar im Duden zu finden.

Hirse, eine der ältesten Getreidesorten überhaupt, wird in unserem Raum seit langer Zeit nicht mehr angebaut, da sie zu wenig ertragreich war. Recht nahrhaft und mineralstoffreich wie die Hirse ist, war sie bis zur Einführung der Kartoffel ein wichtiges Nahrungsmittel, das meist als Brei zubereitet wurde. Die mundartliche Bezeichnung „Brẽi“ bzw. „Brẽ“ (beides nasaliert gesprochen) meint speziell dieses Gericht und wurde auch auf die Getreidesorte übertragen. Für „Brei“ aus anderen Zutaten als Getreide wird der Ausdruck bis heute in der bairischen Mundart nicht gebraucht, dafür hat man die Bezeichnungen Mus („Muas/Mous“, zum Beispiel „Grejsmous“) und Koch („Ko“, zum Beispiel „Griasko“, „Epfeko“). „Brẽi/Brẽ“ leitet sich von mittelhochdeutsch „Brî“, „Brîen“ her; auch der „Brein“ ist als Eintrag im Duden zu finden.

Neben der Bedeutung als Nahrungsmittel für Mensch und Tier erfüllte die Hirse noch eine weitere Funktion, wie der umfangreichen Sagensammlung von Volkskundler Prof. Dr. Reinhard Haller zu entnehmen ist. Der „Brein“ war zu diesem Zweck wohl besonders gut geeignet, weil er kleinkörnig ist und es viel Zeit erfordert, ihn aufzulesen. Hatte jemand unerlaubter Weise und noch dazu in einer Losnacht in einem „Schwoazbejchai“ („Schwarzbüchlein“) gelesen, so beschwor er dadurch meist eine ganze Horde von Teufeln herauf, die im Haus und darum herum große Verwüstungen anrichteten und es schließlich wohl auch auf die Seele des Lesers abgesehen hatten. Um sie wieder loszuwerden, mussten die Teufel „zurückgelesen“ werden, wozu man sich aber die notwendige Zeit verschaffen musste, und das ging so: „Hod a eah an Sog Brē higschidd aaf d'Schdum und hod gsogt: ‚Wer eha fiate wird, ös mid dem Brē oda i midn Aschlönlesn!' ‚Wemma mia eha fiate wean, no kheast uns!' hams gsogt. Und dea hod glesn und glesn und dawai is a eha fiate woan. Do hamands wieda ausgmejst.“ („Hat er ihnen einen Sack Brein hingeschüttet in die Stube und hat gesagt: ‚Wer eher fertig wird, ihr mit dem Brein oder ich mit dem Ärschlinglesen!' ‚Wenn wir eher fertig werden, dann gehörst du uns!' haben sie gesagt. Und der hat gelesen und gelesen und derweil ist er eher fertig geworden. Da haben sie wieder raus müssen.“)

Gehst mit zum Hoiwabroka?

Sommerzeit – Beerenzeit! In den Gärten und an den Waldrändern reifen vom Frühsommer an die verschiedensten süßen Früchte. Einige davon werden im Folgenden vorgestellt.
„Gehst mit zum Hoiwabroka?“ – mit dieser Einladung zu einer eher „buckligen“ Tätigkeit wird man nicht sehr viele Begleiter finden. „Broka“ geht zurück auf mittelhochdeutsches „brechen, gebrochen“ in der Bedeutung „abbrechen, pflücken“ und ist im gesamten niederbayerischen Raum und darüber hinaus gebräuchlich, mitunter werden die Beeren auch „gezupft“ oder man geht „in t'Hoiwa“. Südlich der Donau wird die Erntetätigkeit mancherorts beerenspezifisch ausgedrückt: „Mia dama hoiwan/moiwan/brawan.“
In den Gegenden, in denen die Einkommensquellen der Bevölkerung vor allem in vortouristischer Zeit sehr spärlich waren, wie zum Beispiel im Bayerischen Wald, war der Verkauf von Beeren an Konservenfabriken ein willkommenes und wichtiges Zubrot zum Lebensunterhalt. In großen Mengen wurden Heidelbeeren „gebrokt“ oder gekämmt und verkauft. Mit Reimen wie „Hoamzou, hoamzou, Hoiwa hama grod gnou, lauta scheine, goa koi greine!“ wurde in Bodenmais die Freude über eine reiche und gelungene Heidelbeerernte ausgedrückt.

Die Heidelbeere (mittelhochdeutsch „Heitber“, „Heidelber“) verdankt ihren Namen ihrem Standort, sie wächst auf der „Heide“, das heißt auf nicht bewirtschaftetem Boden. Die mundartlichen Lautungen der Heidelbeere sind vielfältig: „Hoiwa, Hoawa, Hoapa, Hoawal, Hoapal“, um nur einige zu nennen. Ihre dunkle Färbung hat zur Bezeichnung „Schwarzbeere“ inspiriert, „Schwoazber“ sagt man im südöstlichen Niederbayern (zum Beispiel Finsterau, Grainet, Altreichenau) wie auch im angrenzenden Böhmischen. Im Nordwesten Niederbayerns (zum Beispiel Riedenburg, Essing, Herrnsaal, Eining) ist es die „Schwoazba“ oder „Schwoazpa“, auch im größten Teil des fränkischen Gebietes spricht man von der „Schwarzbeere“. Relativ kleinräumig dagegen ist die Bezeichnung „Aiglbial“ („Äugleinbeere“) zwischen Rott und Isar angesiedelt, die aus einer gewissen Ähnlichkeit der Beere mit einem Auge resultieren dürfte. Warum sich nun im jeweiligen Landstrich gerade die eine oder die andere Benennung durchgesetzt hat, bleibt allerdings ungeklärt. Auch bei der Himbeere begegnen uns regional unterschiedliche Bezeichnungen. Die standardsprachliche „Himbeere" zum Beispiel kennt der Niederbayer in der Mundart nicht. „Himbeere" leitet sich wohl von mittelhochdeutsch „Hintber," her, das ist die Beere, die gerne von der „Hinde", der „Hirschkuh" gefressen wurde; diese Deutung ist jedoch nicht einfach zu begründen. Die nördlich der Donau und westlich der Ilz im Bayerischen Wald vorkommende „Huiwa" jedenfalls lässt sich lautgeschichtlich nicht mit der „Himbeere" in Einklang bringen, sondern steht in Zusammenhang mit „Holbeere" (mittelhochdeutsch „hol" für „hohl"), was wiederum mit ihrer Gestalt zu tun hat: im Gegensatz zu allen anderen Beeren ist sie ja tatsächlich hohl. Im restlichen niederbayerischen Gebiet ist für die Himbeere die Bezeichnung „Molbeere" geläufig, mundartlich „Moiwa, Moipa". Hierzu gibt es zwei Deutungsmöglichkeiten: Zum einen kann man sie aus mittelhochdeutsch „Morber, Mulber" herleiten, woraus sich auch die „Maulbeere" entwickelt hat, zum anderen könnte es sich um eine Entlehnung aus dem slawischen Sprachraum handeln (im Tschechischen heißt die Himbeere „Malina").

Weniger kompliziert verhält es sich mit der Brombeere, sie weist zwar verschiedene Lautvariationen auf von „Brṓwa", Brā̃wa" (beides kommt auch nicht nasaliert vor), über „Brompa" bis hin zur „Bramaber", alle gehen jedoch zurück auf dieselbe mittelhochdeutsche Form „Bramber", die Frucht der „Brame", des „Dornstrauchs".

Für die kultivierten Beeren, die in unseren Gärten wachsen, finden sich ebenfalls regionale Unterschiede in der Ausdrucksform. Für die Erdbeere etwa ist mundartlich weit verbreitet „Eawa, Eaba" üblich, im äußersten Osten Niederbayerns (zum Beispiel Mitterfirmiansreut, Haidmühle, Altreichenau) wird sie „Rouper" genannt, was dem mittelhochdeutsch „Rotber", also der „Rotbeere" entspricht. „Roupa" ist vor allem im Gebiet zwischen Isar und Laaber zu hören.

Dass die Rote Johannisbeere zur Herstellung von Wein verwendet wurde, hat ihr sicherlich den Namen „Weinbeerlein" beschert. „Wḗĩwal, Wḗwal" kommt vor allem nördlich und südlich der Donau vor, auch in großen Teilen Oberbayerns. „Johannesbial“ („Johannesbeerlein“) nennt man sie im Norden und Nordwesten Niederbayerns und darüber hinaus auch in Teilen der Oberpfalz und vor allem auch im Fränkischen. Im Südwesten Niederbayerns zwischen Rott und Isar kürzt man die „Johannesbial“ gleich um zwei Silben, übrig bleiben die „Hansbial“. Wenn das Wetter mitspielt, werden sie alle Ende Juni, also um die Zeit des Geburtstages von Johannes dem Täufer (24. Juni) reif, auch wenn sie nicht nach dem Heiligen benannt sind, sondern „Riwisl, Ribisl“ heißen wie östlich der Ilz und im angrenzenden Österreich. Zugrunde liegt hier der botanische lateinische Name der Pflanze: „Ribes rubrum“ für die roten und „Ribes nigrum“ für die schwarzen Johannisbeeren.

Von allen bisher beschriebenen Beeren ist „Riwisl“ die einzige Bezeichnung, die ohne das Grundwort „-beere“ (aus mittelhochdeutsch „Ber“) auskommt. „-beere“ wird entweder in der Verkleinerungsform „bial“ verwendet wie in „Johannisbial“ und noch häufiger in der abgeschwächten Variante „-wa“ wie in „Hoiwa, Moiwa, Brawa, Wẽīwal“. Einzig ganz im Südosten und ganz im Nordwesten Niederbayerns sind Lautvarianten zu Hause, die näher an der „-beere“ sind: Im Nordwesten zum Beispiel die „Hoipa, Moipa, Brampa“ mit hellem „a“ und im Südosten die „Rouper, Schwoazper, Bramaper“, wobei sogar das „r“ artikuliert wird, das dialektal im Auslaut so gut wie nie gesprochen wird, sondern sich als abgeschwächter Selbstlaut an den vorhergehenden Laut anlehnt, wie zum Beispiel auch in „-bial“.

Wie unterschiedlich die Beeren und ihre mundartlichen Lautformen auch sein mögen, eines haben sie doch alle gemeinsam: Aus ihnen lassen sich kulinarische Köstlichkeiten herstellen. Kuchen mit frischen Früchten belegt sind schnell zubereitet, ebenso Marmeladen, an denen man noch die Wintermonate über seine Freude hat. Auch der „Hoiwawacka“ brät ohne großen Aufwand im Rohr. Gehaltvolles dagegen erfordert in der Zubereitung schon ein wenig mehr Geduld. Ein Likör aus frischen Beeren und Kandiszucker, in klarem Schnaps angesetzt, braucht eine Reifezeit von gut vier Wochen, bevor man ihn verkosten kann. Umso größer ist dann der Genuss, wenn man sich im Herbst mit einem Gläschen Himbeerlikör an den schönen Beerensommer erinnern kann.

Mit dera Schesn kimmst nimma weit

Sprache kennt keinen Stillstand. Auch die Mundart nicht, mancher Schwarzseher prophezeit sogar ihren Untergang. „Gestan no ham dLeit ganz anders gredt“ singt Hubert von Goisern in seinem Lied über die Zeit. Bezieht man den Liedtext auf den mundartlichen Wortschatz, liegt der Sänger nicht verkehrt, denn im Laufe der Zeit verliert die Mundart an Substanz. Im ländlichen Bereich ist dies zu einem großen Teil der Industrialisierung geschuldet, die Arbeitstechniken und -geräte grundlegend verändert hat. Bei der Getreideernte zum Beispiel wurde zunächst mit dem „Wachl“ gemäht, es wurden „Kornmandl“ gebunden und schließlich wurde mit der „Drischl“ gedroschen. Durch den Einsatz des Mähdreschers, der bereits zwei wichtige vormals manuelle Arbeitsgänge in seinem Namen vereint, werden diese ersetzt, andere fallen weg. Die genannten Bezeichnungen werden nicht mehr gebraucht und bilden einen passiven Wortschatz, der in Wörterbüchern und Sprachatlanten konserviert ist.

Andererseits hat der aktive mundartliche Wortschatz aber schon in der Vergangenheit immer wieder Zuwachs erhalten. Dies geschieht entweder durch neue Kreationen aus dem vorhandenen sprachlichen Inventar oder durch Anleihen aus anderen Sprachen. Sprachliche „Einwanderungen“ sind oftmals Reflexe des jeweiligen Zeitgeschehens. Das Französische zum Beispiel hat seine Einflüsse hauptsächlich in zwei Wellen hinterlassen. Zunächst reichte in der Zeit des Absolutismus die Strahlkraft des Sonnenkönigs Ludwig XIV. (1638-1715) bis in die deutschen Städte, inspirierte hier den Adel und sickerte schließlich über den Dienstbotenstand auch in die Mundarten durch. Eine weitere französische Welle schwappte in der Zeit Napoleons (1769-1821) in die deutsche Sprache herein. Napoleons Truppen waren in großen Teilen Europas präsent. Dass sich sprachliche Spuren des Französischen im Dialekt manifestieren konnten und noch heute geläufig sind, lässt sich schön mit folgendem Zitat aus dem Eberhofer-Krimi „Winterkartoffelknödel“ (2014) demonstrieren: Beim Stammtisch werden die kriminalistischen Fähigkeiten des Kult-Kommissars in Frage gestellt: „I frog mi, warumst ausgrechnad du bei uns da Dorfschandam bist“. Es ist leicht zu erkennen, dass es sich hier um den französischen Ausdruck „Gendarm“ handelt. Weniger offensichtlich ist dagegen die französische Herkunft des Schimpfwortes „Lackl“, das laut Bayerisch-österreichischem Schimpfwörterbuch einen „groben, ungeschliffenen, grobgebauten Mann“ beschreibt. Vorbild waren der französische General Ezechiel Graf von Melac, der im Auftrag des Sonnenkönigs die Pfalz verwüstete, und seine großen scharfen angsteinflößenden Hunde, die ihn stets begleiteten. Laut J. A. Schmeller war „Lackel ein beliebter Name für große, besonders Metzgerhunde“; auf den Menschen übertragen erfreut er sich als Bezeichnung für einen groben Charakter ebenso großer Beliebtheit. Altbekannt, wenngleich mittlerweile in der Mundart nicht mehr gebräuchlich, sind „Potschamperl“ (französisch „pot de chambre“) für den Nachttopf und „Trottoar“ (mit hellem „a“; französisch „trottoir“) für den Gehsteig. Ist man in Erklärungsnot, schaut man schon mal ratlos „in Blafon afe“ (französisch „plafond“), das heißt an die Decke, aber nur, wenn sie nicht holzvertäfelt ist, sondern aus geweißtem Mauerwerk besteht. Das französische Wort „chaise“ bedeutet „Stuhl, Sitzgelegenheit“, im Bairischen dient es als Grundlage für die „Schesn“. Damit ist ein Fahrzeug gemeint, das sich hart an der Grenze zur Fahruntüchtigkeit befindet: „Mit dera Schesn kimmst nimma weit.“ Im übertragenen Sinn kann damit auch eine ältere, eventuell aufgetakelte Frau gemeint sein: „Do hostara gschäd an oite Schesn oglocht.“ Der französische Ausdruck für „danke“, nämlich „merci“ ist in der mundartlichen Form „measse“ quer durch alle Generationen zu hören; die Betonung liegt im Gegensatz zum französischen Original im Bairischen auf der ersten Silbe.

Sicherlich ist sich auch nicht jeder Schafkopfspieler bewusst, dass er hin und wieder zu einem französischen Ausdruck greift, wenn ihm das Glück ein besonders gutes Blatt beschert hat, so dass er ein Solo spielen kann und ankündigt, dass er alle Stiche in dieser Runde machen wird: Er spielt einen „Du“ – das hört sich in der Mundart an wie das Personalpronomen „Du“, zugrunde liegt aber das französische unbestimmte Zahlwort „tout“ (gesprochen „tu“) mit der Bedeutung „alles“. Diese lautliche Nähe zum Personalpronomen hat mit großer Wahrscheinlichkeit die Bezeichnung für ein noch höherwertiges Blatt beeinflusst: Hat ein Spieler alle Ober und Unter auf der Hand, dann spielt er einen „Sie“. In Analogie zur volksetymologischen Umdeutung des französischen „tout" zum „Du" hat man hier nun tatsächlich ein Personalpronomen gewählt. „Sie" kann auch in anderen Situationen, eingebunden in eine Redewendung, zum Ausdruck der Anerkennung für optimale Beschaffenheit verwendet werden: „Des hand Schnitzl, do sogst Sie!"; entsprechend dann für den Respekt und die Bewunderung für das perfekte, unschlagbare Blatt: „Des hand Koatn, do sogst Sie!"

In den 20er Jahren des letzten Jahrhunderts waren im Bayerischen Wald Arbeitskräfte aus Italien angeworben worden, um den Bau der Bahnstrecken voranzutreiben; auch schon Jahrzehnte zuvor waren italienische Holzhauer bei der Aufarbeitung des großen Windwurfs von 1870 im Einsatz. Diese Gastarbeiter aus Italien haben ebenfalls nachhaltig auf die Mundarten eingewirkt. Das „Gspusi" kommt vom italienischen „Sposa/Sposo", was „Braut/Bräutigam" bedeutet. „Prato", das italienische Wort für „Wiese" hat dem Vergnügungsgelände in Wien seinen Namen gegeben: Der „Prater", bedeutungsmäßig eng verknüpft mit dem dortigen Riesenrad, wurde im Bairischen mit „Brodara" als Name für rotierende Fahrgeschäfte allgemein übernommen. Auch in einem beliebten Kartenspiel sind italienische Spuren zu finden. Der Ausdruck „Watten" kommt vom italienischen Verb „battare", was „schlagen" bedeutet und wohl auf das temperamentvolle auf den Tisch Schlagen der Hand, die zum Beispiel einen „Kritischen" hält, anspielt. Das italienische Wort „scorza" bezeichnet die „Rinde am Baum" und lässt sowohl lautlich als auch gedanklich eine Verbindung zum „Scherzl" herstellen, dem Brotanschnitt, der bis auf die Schnittfläche ganz von Brotrinde bedeckt ist. Geht man im Fasching „maschkara", so tut man dies ebenfalls mit italienischem Hintergrund, denn der Ausdruck kommt von italienischen „maschera" (wie „s-k" gesprochen), was „Maske" heißt. Das bairische Wort für die Tabakspfeife, die „Pip" ist gleichermaßen von der italienischen „pipa" beeinflusst. Auch der „Schpogat" hat italienische Vorfahren, nämlich „spago", was „dünne Schnur" bedeutet; die Diminutivform lautet „spaghetto" – der bairische „Schpogat" ist also eng verwandt mit den italienischen „Spaghetti".

Die englische Sprache hat nicht erst seit „Fake News" und „Gender" Einzug ins Deutsche und auch ins Bairische gehalten, sondern nimmt schon seit vielen Jahrzehnten hier zunehmend Raum ein. Ein Beispiel, das sich im Dialekt wohl stärker verfestigt hat als in der Standardsprache, ist „Manschester", das die Stoffart bezeichnet, die nach ihrem Herstellungsort, der englischen Stadt „Manchester" benannt ist und sich von der Aussprache her nur durch die Lautqualität des „a" und durch die Betonung unterscheidet: Das bairische „Manschester" wird mit dunklem „a" gesprochen und auf der zweiten Silbe betont, das englische „Manchester" mit hellem „a" und Betonung auf der ersten Silbe. Heutzutage ist dieser Ausdruck auch im Dialekt kaum mehr gebräuchlich und durch „Cord" ersetzt. Anders beim „Bulldog", der bis heute sprachlich den neueren Bezeichnungen „Traktor" und „Schlepper" trotzt.

Ursprünglich als englischer Modellname für eine Zugmaschine der deutschen Firma Lanz gewählt, steht „Bulldog" schon lange firmen- und modellübergreifend für jede Art von Traktoren.

Lateinische Spuren im Bairischen sind eigentlich nichts Besonderes, denn es gibt sie in fast allen europäischen Sprachen. Beim „Radi" ist die Verwandtschaft zum lateinischen „radix" („Wurzel") unüberhörbar. Der „Kinihos" dagegen offenbart seine Herkunft erst auf den zweiten Blick. Das lateinische „cuniculus" wurde in der Standardsprache zum „Kaninchen". Im Bairischen kam es, da der erste Bestandteil „cuni" ähnlich klingt wie bairisch „Kini" („König") durch volksetymologische Abwandlung zum „Kinihosn".

Die vielfältigen slawischen Einflüsse sind im östlichen Bayern der Grenznähe und den jahrhundertelangen kulturellen Kontakten geschuldet. Eine Vielzahl von Ausdrücken tschechischen Ursprungs ist fester Bestandteil des sprachlichen Inventars des Bayerischen Waldes, hier eine kleine Auswahl: Im unteren Bayerischen Wald wird der Steinpilz „Dobernigl" genannt. Dabei handelt es sich sozusagen um eine tschechisch-bairische Kooperation; der bairische Beitrag „Nigl" bedeutet ein wenig abwertend „kleiner Kerl", wird jedoch durch die tschechische Zugabe „dobry" („gut") deutlich aufgewertet. Ein beliebter Zeitvertreib für Kinder war früher das „Patschekeln", dabei waren zugespitzte Holzpflöckchen im Spiel, deren tschechische Entsprechung „špaček" zu dem bairischen Ausdruck geführt hat. Der Kern von Zwetschge und Kirsche heißt im Bairischen „Beksn", unverkennbar die Ähnlichkeit zum tschechischen „pecka" (gesprochen „petzka") mit derselben Bedeutung. In ebenso engem Zusammenhang steht der bairische Begriff für die Zudecke im Bett, der „Tuchad" mit dem tschechischen Substantiv „duchna" bzw. dem zugehörigen Dimutiv „duchenka". Im kulinarischen Bereich wurde zum Beispiel der „Kren" schon im 13. Jahrhundert aus der slawischen Nachbarschaft entlehnt. Zudem haben ganze Begriffsfelder ihren Ursprung in der tschechischen Sprache, so etwa viele Ausdrücke, die mit Zugtieren und Wagen zu tun haben: Der „Kamad" („Kummet", Teil des Pferdegeschirrs), die „Deinzn" („Anze", Gabeldeichsel), der „Woja" (Leitseil für Zugtiere).

Eher zufällig sind die sprachlichen Hinterlassenschaften des Rotwelschen, der „Geheimsprache" des fahrenden Volkes, der Händler und Musikanten. Exemplarisch sei hier der „Bane" (Pferdefleisch) genannt.

Nicht zuletzt hat sich die Mundart auch aus dem Fundus des Standarddeutschen bedient. So orientiert sich der Bairischsprecher etwa am Geräusch, das Sandalen beim Gehen machen, nämlich „Klappern" und kreiert daraus die „Klapperl" (mit hellem „a") als Bezeichnung für diese Art von Schuhen. Dementsprechend ist das Verfahren beim „Kracherl" (mit hellem „a") zu bewerten: Obwohl die gläserne Kugel, die in den Flaschenhals zurückgedrückt werden musste bzw. der Bügel- und Keramikverschluss, welche das krachende Geräusch beim Öffnen verursacht haben, bei Limonadenflaschen schon lange nicht mehr benutzt werden, heißt die Limonade im Bairischen immer noch „Kracherl".

Die Mundart erfährt jedoch nicht nur Bereicherung aus anderen Sprachen, sondern gestaltet auch aus dem vorhandenen Inventar Neuschöpfungen, wie zum Beispiel den „Fotzenspangler" als scherzhafte Bezeichnung für den Zahnarzt oder den „Hennasprenger" für ein kleines, knatterndes Moped.

Ein weiteres Beispiel für die mundartliche Kreativität bietet der lokale Sprachgebrauch in Bodenmais, auf einer mündlichen Schilderung Prof. Dr. Reinhard Hallers beruhend: Anfang des letzten Jahrhunderts, als im Silberberg der Bergbau noch in vollem Gange war, gab es einen Obereinfahrer namens Ludwig Rasp, der ein sehr strenges Regiment führte, keinerlei Nachlässigkeit duldete und daher bei den Bergleuten gefürchtet war. Gönnten sie sich trotzdem eine wohlverdiente Pause, wurde eine Person an geeigneter Position abgestellt, die Alarm schlagen musste, wenn der Aufseher im Anmarsch war. Diese Aufgabe wurde „Luweispechtn" genannt – „Luwei" als Abwandlung des Vornamens „Ludwig", „spechten" in der Bedeutung „spähen". Dieser Ausdruck wurde über einen erheblichen Zeitraum hinweg auch bei anderen Gelegenheiten benutzt. Wenn etwa ein paar Buben ihren Speisezettel an fremden Apfelbäumen aufbessern wollten, wurde einer von ihnen mit dem „Luweispechten" beauftragt, um unangenehme Konsequenzen zu verhindern.

Z'nachst bin i schlittn gfoan, hon i mei Mensch voloan

„Das Radio", „die Butter", „das Benzin" – es braucht nur diese paar Wörter, und schon ist der Sprecher als der Mundart nicht mächtig entlarvt. Warum? Weil es in der bairischen Mundart richtig heißt: „Da Radio", „da Buda/Buta", „da Benzin". Diese und noch eine ganze Reihe von mundartlichen Wörtern unterscheiden sich im Genus von der Standardsprache. In den meisten Fällen lässt sich dieser Unterschied erklären.

Vielfach gab es im Mittelhochdeutschen die Möglichkeit, zwischen zwei Geschlechtern zu wählen, zum Beispiel „die/der Zecke", „die/der Wespe", „die/das Ecke", „der/die Scherbe", „die/der Asche", „der/das Ziuc" (Zeug), „der/das Rotz", „der/das Manot" (Monat).

Während sich nun in der Standardsprache im Laufe ihrer Entwicklung die eine Variante manifestiert hat, hat die Mundart die andere „gewählt": Standarddeutsch „die Zecke", „die Wespe", „die Ecke" steht mundartlichem „da Zeck", „da Wess", „s'Eck" gegenüber, ebenso „die Scherbe/da Scheam" („Scherben") und „die Asche/da Oschn" („Aschen"). Während hier die voneinander abweichenden Entwicklungstendenzen von formalen Unterschieden (Wegfall des Endungs-e bzw. Hinzunahme eines Endungs-n) unterstützt werden, ist es dem Einfluss des Mittel- und Niederdeutschen zuzuschreiben, dass die Standardsprache bei „das Zeug", „der Rotz" und „der Monat" geblieben ist und die Mundart bei „da Zeig", „s'Rotz" und „s'Monat".

Das Weglassen des unbetonten „-e" am Wortende ist ein typisch mundartliches Merkmal, und Wörter, die nicht auf „-e" enden, sind in der Regel nicht weiblichen Geschlechts. So erklärt sich der Genusunterschied bei vielen mundartlichen und hochdeutschen Ausdrücken: „Da Schokolad" – „die Schokolade"; „s'Mamalad" – „die Marmelade"; „da Schrauf" – „die Schraube"; „da Schneck" – „die Schnecke"; „da Schbids" – „die Spitze".

„S'Oeta", „d'Schneid" (in der Bedeutung „Mut") und „da Bocha/Bocka" (etwa in „da Kinsbocha" für das „Kinn") sind Beispiele dafür, wie die Mundart das mittelhochdeutsche Genus bewahrt: Mittelhochdeutsches „eiter" ist sächlich, „snide" weiblich, „backe" männlich – im Gegensatz zu „der Eiter", „der Schneid" und „die Backe" in der hochdeutschen Standardsprache, die sich bei ihrer Ausprägung mitunter, wie bereits erwähnt, an anderen Sprachregionen orientiert hat.

„Da Imp" (mittelhochdeutsch „imbe, impe", Maskulinum; im Hochdeutschen „die Imme") ist auch in diese Reihe zu stellen, ebenso „da Ratz" (mittelhochdeutsch „ratz, ratze", Maskulinum; im Hochdeutschen „die Ratte") und „da Zwieve" (mittelhochdeutsch „Zwibolle", Maskulinum; im Hochdeutschen „die Zwiebel").

Mundartliches „da Fahn" hält ebenfalls am mittelhochdeutschen männlichen Geschlecht von „Vane, Van" fest, ist aber auch im Bairischen auf dem Rückzug und weicht dem hochsprachlichen weiblichen „die Fahne".

Fest verankert in unserer Mundart ist dagegen „da Buda"; hier hat die sprachgeschichtliche Entwicklung aus dem Altgriechischen („boutyron") über das Lateinische („butyrum") das männliche Genus hervorgebracht, und das nicht nur im Bairischen: auch im Französischen („le beurre") und im Italienischen („il burro") ist der Butter männlich. „Das die vor diesem Wort kling bayrischen Ohren sehr befremdend", bemerkt J.A. Schmeller dazu im Bayerischen Wörterbuch.

Auch „der Radio" hat eine erklärbare Daseinsberechtigung: „Radio" ist die Kurzform von „Radiogerät" bzw. „Radioapparat". „Da Radio" hat den „Apparat" weggekürzt, „das Radio" das „Gerät".

Beim „Vaterunser" orientiert sich das bairische Genus ebenfalls nur an einem Wortteil, dem männlichen „Vater": „... damit jeder, der des Weges geht, einen Vaterunser für die arme Seele bete, der auf diesem Brett gelegen", ist in einer Beschreibung über den Brauch des Aufstellens von Totenbrettern zu lesen.

Hochdeutsch ist „das Vaterunser" sächlich, nicht zuletzt auch in Anlehnung an „das Gebet".

In vielen Fällen ist also der Genusgebrauch im Bairischen verglichen mit dem Hochdeutschen einer gewissen nachvollziehbaren Regelhaftigkeit unterworfen. Allerdings gibt es auch Wörter, bei denen der Genusunterschied nicht ohne Weiteres zu erklären ist. Dass es zum Beispiel hochdeutsch „das Benzin" heißt, ließe sich noch durch die Herkunft des Wortes aus sächlichem „Benzol" deuten. Warum aber ist im Bairischen „da Benzin" ein Maskulinum? Sicher ist, dass beides nicht – wie häufig vermutet – auf den Motorenbauer Carl Benz zurückgeht, sondern auf die mittellateinische Bezeichnung für die Weihrauchart „Benzoe".

Unterschiedliches Genus im Bairischen und im Hochdeutschen kann auch der Grund für unterschiedliche Bedeutungen sein. „Der Ort" meint Standarddeutsch eine „Ortschaft". „S'Oad" dagegen bezeichnet eine genaue Stelle, einen Platz. So führt zum Beispiel ein mysteriöses „Manderl" in einer Sage aus der Sammlung von Prof. Dr. Reinhard Haller den Jüngling in den Wald zu einer verzauberten Stelle, die ihm zur Erfüllung aller Wünsche verhelfen soll: „Do", sogt a, „is des Oad." Mit dem sächlichen „Oad" kann auch ein Endstück oder eine Spitze im Gelände gemeint sein: „Dea ackad bis aufs Oad ausse." Im Mittelhochdeutschen kann „Ort" sächlich oder männlich sein, beides stimmt bedeutungsmäßig mit der Mundart überein. Die Bedeutung eine Ansiedlung hat sich für „Ort" erst in späterer Zeit entwickelt.

„Der Mensch" und „das Mensch" haben im Hochdeutschen unterschiedliche Bedeutung, ebenso im Bairischen. „Der Mensch" steht in beiden Fällen allgemein für den „Homo sapiens". „Das Mensch" hat hochdeutsch eindeutig und ausschließlich einen abwertenden Charakter, im Bairischen hingegen war es die frühere Bezeichnung für die „Dienstmagd" und ist bis heute die Bezeichnung für das „Mädchen", die „Freundin", wie es im folgenden Gstanzl besungen wird:

„Z'nachst bin i schlittn gfoan,
hon i mei Mensch voloan,
den soit da Deife hoin,
dea mia mei Mensch hod gschdoin!"

Des muaß an Irrtum sein

„Hiatus" klingt wie der Name für eine Pflanze; der lateinische Ausdruck ist jedoch zu übersetzen mit „Öffnung, Spalt" und ist hauptsächlich im medizinischen Bereich zu finden, wo er zum Beispiel einen Schlitz im Zwerchfell beschreibt, durch den die Speiseröhre verläuft. Auch in der Sprachwissenschaft ist der Begriff „Hiatus" geläufig. Hier bezeichnet er die Situation, dass zwei Vokale aufeinanderstoßen und dadurch die Aussprache erschwert wird. Das Standarddeutsche regelt dies häufig durch das Einfügen eines „h": „sehen", „Nähe", „glühen" oder zum Beispiel auch mit Hilfe des „r" in „darunter".

Auch andere Sprachen behelfen sich auf diese Art, wie etwa das Englische: Dem unbestimmten Artikel „a" wird ein „n" angefügt, wenn ein Substantiv folgt, das mit Selbstlaut beginnt. Deshalb heißt es nicht „a apple" oder „a old man", sondern „an apple" und „an old man". Im Französischen spricht und schreibt man „il a" („er hat"), aber „a-t-il?" („hat er?") und nicht „a il?"

Solche Konsonanten, die nur aus dem Grund der leichteren Sprechbarkeit des Wortes eingefügt werden und selber keine bedeutungstragende Funktion haben, werden „Hiatustilger" genannt. In der bairischen Mundart sind das hautsächlich „n" und „r" und ihr Gebrauch ist so üblich, dass er auch Eingang in die geschriebene Form des Dialektes, nämlich die Mundartliteratur gefunden hat: So sagt der Brandner Kaspar, als ihn der Boandlkramer abholen will, er sich aber noch nicht bereit fürs Paradies fühlt: „Des muaß an Irrtum sein" (nicht „a Irrtum") und als er mit dem Boandlkramer den Zeitpunkt seines Todes auskartelt: „Wann jetzt du an Grasober hosd, so gehn i mit dir …" (nicht „so geh i").

Im „Rotn Bua" lässt Max Peinkofer den Schreiner, dessen Frau ihm auf ihrem Sterbebett vorschlägt, sich doch nach ihrem Tod wieder zu verheiraten, sagen: „Recht hast, schaunama um d'Kastl Reserl, an de han i eh scho denkt!" (nicht „schau a ma").

Im alltäglichen Sprachgebrauch werden aufeinanderfolgende Vokale ganz selbstverständlich vermieden, wenn man zum Beispiel sagt „bonuns dahoam" (nicht „bo uns") oder „de is nimma ganz bonia" (nicht „bo ia"). Die mundartliche Form von „jeder" kann im Bairischen nicht ohne den unbestimmten

Artikel „ein“, bairisch „a“ stehen, deshalb braucht es auch hier einen Hiatustilger: „A Nejda kimmt a moi dro“ lautet eine fatalistische Redensart mit Hinweis auf die Sterblichkeit aller Menschen. Und Petrus, der Hüter der Himmelspforte, beklagt sich angesichts des verspäteten Ablebens des Brandner Kaspar, dass seine „Buchführung“ nicht hinhauen würde, „bal a Niada raufkimmt, wann a mag“.

Zudem gibt es Fälle, in denen der Hiatustilger „n“ auch dann gesprochen wird, wenn er gar nicht vonnöten ist, wenn also nicht zwei Selbstlaute aufeinandertreffen. Er wird quasi aus Gewohnheit zum normalen Anlaut des betreffenden Wortes: „D'Nest damma uns mia zamm“. Auch bei der Einzahl „Ast“ hört man eher „a drum Nosd“ als „a drum Osd“.

Das „r“ ist ebenfalls ein sehr häufig gebrauchter Hiatustilger und fester Bestandteil der gesprochenen Mundart. „I homaran Hund kaft“ , „Mia hammaruns ned traut“ – in diesen Beispielen wird das „r“ eingeschoben, um die direkte Aufeinanderfolge von „a“ und „a“ bzw. „a“ und „u“ zu verhindern und eine flüssigere Aussprache zu ermöglichen. Gleich zweimal kommt das „r“ in dieser Funktion in einem kurzen Teilsatz vor, der oftmals Erzählungen einleitet: „Sitzmara so boranad ...“. Auch der Schreiner im „Rotn Bua“ verspricht seiner Frau zu ihrer Beerdigung neben einer angemessenen Grabrede „im Freithof aara Liad“.

Besonders gehäuft ist das eingeschobene „r“ in dem Lied „Der Russ, der kommt“ zu hören, das von der „Biermöslblosn“ in den 70er Jahren in satirischer Weise einem Volkslied nachempfunden wurde: „... owarawarüwar Owarammagau odarawarüwar Unterammagau odarawarüwahapts ned kommt...“.

Zān ned so bled!

„Lachen und Weinen liegen oft nahe beieinander“ heißt es in einer Redensart. Im Bairischen liegen sie begrifflich nicht nur nahe beieinander, sondern fallen buchstäblich zusammen: In Niederbayern kennt man den Ausdruck „zāna“. „Zān ned so bled!“ meint nördlich der Donau „Lach nicht so dumm!“, südlich der Donau bedeutet „zāna“ jedoch das Gegenteil, nämlich „weinen“. Es handelt sich in beiden Fällen tatsächlich um dasselbe mittelhochdeutsche „zannen“, das im Mittelhochdeutschen Wörterbuch von Matthias Lexer mit „knurren, heulen, weinen“ vermerkt ist, aber auch in der Bedeutung „klaffen“. Letztere ist neben „weinen“ ebenfalls im weiteren Verlauf der Sprachgeschichte erhalten länger erhalten geblieben, heute allerdings nicht mehr in Verwendung. So ist im Grimmschen Deutschen Wörterbuch unter dem Stichwort „zannen“ als Erklärung zu lesen: „Den Mund weit aufsperren, dabei die Zähne zeigen und das Gesicht verziehen“. Die Ausführungen zu „zannen“ im Bayerischen Wörterbuch von J.A. Schmeller hören sich ähnlich an: „ ... von Theilen, die geschlossen seyn sollten, besonders vom Munde und seinem Gebisse“. Diese Beschreibung trifft auf die physiognomischen Verhältnisse sowohl beim Lachen als auch beim Weinen zu, was das Vorkommen von “zāna“ in beiden Bedeutungen erklärt.

Natürlich gibt es in der Mundart für „lachen“ und „weinen“ auch noch andere Ausdrücke. Außer „lōcha“ kennt man in Niederbayern fast überall „kūdan“, das auf mittelhochdeutsch „kuttern“ zurückgeht. Laut Grimmschem Wörterbuch ist es lautlich am ehesten an das „Geschrei des Birkhahns, wenn er balzt „ bzw. „das Geschrei des Puterhahns“ angelehnt. Auf den Menschen übertragen beschreibt „kūdan“ seltsamerweise eine anscheinend für das weibliche Geschlecht typische Art des Lachens, da in den Wörterbüchern fast ausnahmslos Beispiele mit Frauenbeteiligung vorkommen, wie zum Beispiel bei J.A. Schmeller: „Und da lachen und kudern die Frauenzimmer, daß s'einen Kropf kriegen möchten“. Etymologische Verwandtschaft mit „kuttern“ weist mittelhochdeutsch „kittern“ auf, das „kichern“ bedeutet. Im gesamten nieder-bayerischen Gebiet kommt es in verschiedenen artikulatorischen Varianten vor wie zum Beispiel „kichan“, „kikan“ oder „kichatzn“. Lautmalerisch mutet auch das hauptsächlich im Nordosten Niederbayerns vorkommende „pfudan“ und „pfugazn“ an, das als Erweiterung des von J.A. Schmeller als „naturnachahmend“ be-zeichneten Basislautes „pfuh, pfuch“ gewertet werden kann.

Für „weinen“ ist das mundartliche Repertoire noch umfangreicher als für „lachen“. „Woin, woina, woana“ (mittelhochdeutsch „weinen“) sind allgemein gebräuchlich. Häufig kommt auch „blean“ vor, das auf mittelhochdeutsch „bleren, blerren“ in der Bedeutung „blöken, schreien“ zurückgeht und das im Niederbayerischen hauptsächlich nördlich der Donau vertreten, aber auch südlich der Donau nicht unbekannt ist.

Aus dem mittelhochdeutschen Verb „trensen, trentschen“ haben sich im Bairischen verschiedene lautliche Varianten entwickelt, die auf niederbayerischem Gebiet eine regionale Verteilung aufweisen. Südlich der Donau ist „drentsn“ die geläufige Form, nördlich der Donau im Bayerischen Wald überwiegt die Aussprache mit „-sch-“: „Dreantschn“ und „draintschn“ sagt man hier zu „weinen“. Ganz im Südosten und Nordwesten Niederbayerns kommt dieser Worttyp überhaupt nicht vor. Zudem gibt es ein Substantiv, das auf die Physiognomie Bezug nimmt, wie es auch schon für „zannen“ beschrieben wurde: „Treandschen“ oder „Traindschen“ beschreibt J.A. Schmeller als Ausdruck für ein „breites, verzogenes, verdrüßliches Maul“. Übertragen auf andere Bereiche kann „Treandschn, Traindschn“ einen größeren Riss in der Kleidung oder auch eine klaffende Verletzung der Haut bezeichnen.

Kleinräumig kommen auf niederbayerischem Gebiet noch weitere mundartliche Ausdrücke für „weinen“ vor, so etwa im östlichen Teil sowohl südlich als auch nördlich der Donau „rean“ (mittelhochdeutsch „rêren“ mit der Bedeutung „blöken, schreien“) oder auch „zāna“ südlich der Donau, wie zuvor bereits beschrieben. Im Nordwesten findet man die Form „bleka“ (mittelhochdeutsch „plecken“, ebenfalls in der Bedeutung „blöken“). Mittelhochdeutsch „lüejen“ („brüllen“) ist in der Mundart als „luin“ oder „lejn“ erhalten und im Nordosten Niederbayerns zu hören. „Huin“, „hejn“ kommt nicht häufig vor, ist aber doch im gesamten niederbayerischen Gebiet bekannt, es

hat sich aus dem mittelhochdeutschen Verb „honen, hoenen“ entwickelt, das „heulen, schreien“ beschrieb. Im Nordosten ist „lēdschn“ gebräuchlich, die Herkunft dieses Ausdrucks ist nicht ganz eindeutig zurückzuverfolgen. Es könnte eine Ableitung von mittelhochdeutsch „lotze“ sein als Bezeichnung für einen „ungeschickten, unbeholfenen Menschen, Simpel, Lapp“. Diese Beschreibung passt auch gut zum Substantiv „Lēdschnbeni“ als einem, der „lēdschad“ („langweilig“, „schlapp“, „feige“) ist oder der wegen jeder Kleinigkeit „ledscht“ oder der übellaunig ständig eine „Lēdschn“ zieht.

Meim Bruadan sein Wei iahra Hund

„Der Dativ ist dem Genitiv sein Tod“ lautet der Titel des ersten Buches einer ganzen Reihe, die sich mit Zweifelsfällen der deutschen Grammatik befasst. Das Standarddeutsche, das geschriebene mehr noch als das gesprochene, kennt den Genitiv sehr wohl, während er in den Mundarten tatsächlich fast nur noch umschriebenerweise vorkommt bzw. durch den Dativ ersetzt wird: „Das Haus des Lehrers“ ist in der Mundart „S’Haus vom Leahra“ oder „An/Am Leahra sei Haus“. „Der hod an Schel af wej an Peterbarn sã Koda“, sagt man in Bodenmais laut Prof. Reinhard Haller von jemandem, der einen verhältnismäßig großen Kopf hat. Der Liedtext zu einem Zwiefachen beginnt mit „Hinta meim Vodan sein Stodl, Stodl, rinnt da Dreg fiara wej Odl, Odl....“. Diese Technik der mundartlichen Umschreibung des sogenannten Wes-Falles tritt auch in Erzählungen bayerischer Autoren zutage, die hochdeutsch abgefasst sind. In der Geschichte „A Maß Bier, die beste Medizin“, in der der Schulmeister Obesser Besuch am Sterbebett erhält, schreibt Max Peinkofer: „Herein stürzt der Bräu Ferdinand Wieninger, dem Schulmeister sein bester Freund ...“; die störrische „Goaß vom Bahnwärterhäusl“, die sich nur von der Bahnwärtersfrau melken lassen will, wird vom Bahnwärter mit einem Trick überlistet: „Was meinst du, was er getan hat? – Einfach seinem Weib sein Gewand angelegt“.

Mehrgliedrige Genitivkonstruktionen bringen variantenreichere Umschreibungen mit sich. „Der Hund der Frau meines Bruders“ wird mundartlich so ausgedrückt: „Da Hund vom Wei vo meim Bruadan“ oder „Da Hund vo meim Bruadan sein Wei“ oder „Meim Bruadan sein Wei iahra Hund“. In einigen festen Wortfügungen ist der Genitiv jedoch auch im Bairischen präsent, wie zum Beispiel „in Gottes Namen“: „Gib hoid noch, in Gottsnam!“ oder „seinerzeit“: „Dea hod seinerzeit/sänazät a guads Gscheft ghod.“ oder „deswegen“: „Sã Wä is krang, deszweng mou a hoam.“ oder: „Leiden Christi“: „Dea schad as wejs Leidn Christi“. Umschrieben wird dagegen „meinetwegen“: „Zweng meina dousd wosd mogst!“

Von den anderen drei grammatischen Fällen zeigt nur der Dativ mundartliche Besonderheiten. Im Singular haben alle Fälle – außer dem Genitiv, wie gerade beschrieben, – im Hochdeutschen (Ausnahmen sind maskuline Substative auf „-e“ wie „Hirte“) wie auch im Bairischen jeweils keine fallspezifische Endung: „der Fuß“, „hau nicht mit dem Fuß“, „zeig mir deinen Fuß“ und „da Fous/Fuas“, „hau ned mim Fous/Fuas“, „zoig ma dein Fous/Fuas“.

Jedoch machen hier einzelne Wörter, wenngleich regional beschränkt, eine Ausnahme, die jüngeren Mundartsprechern sicherlich nicht mehr recht geläufig ist. Der Unterschied zwischen Nominativ und Dativ zeigt sich dabei nicht bezüglich einer zusätzlichen Wortendung, sondern was die Lautung anbelangt. „Holz (in der Bedeutung ‚Wald‘)“, „Wirt“, „Dorf“, „Haus“ beispielsweise werden im Nominativ mit langem Vokal/Diphthong und „weichem“

Konsonanten gesprochen: „Hoids“, „Wiad“, „Doaf“, „Has“. Stehen sie im Dativ, kennt man im Bayerischen Wald kleinräumig verbreitet die Aussprache mit kurzem Vokal/Diphthong und „hartem“ Konsonanten: „Ea is in Hoitz drasst“, „Ea sitzt bon Wiat eant“, „I wohn in Doaff drin“, „Gej hoid amoi von Hass awa“.

Im Plural weicht im Hochdeutschen die Dativendung von den übrigen ab: „die Füße“, „hau nicht mit den Füßen“, „zeig mir deine Füße“. Im Dialekt stehen für die Dativendung unterschiedliche Varianten zur Verfügung. Zum einen kann sie dieselbe endungslose Form haben wie die übrigen grammatischen Fälle: „d'Fejss/Fiass“, „hau ned mit de Fejss/Fiass“, „zoig ma deine Fejss/Fiass“; sie kann aber auch – wenngleich ebenfalls regional begrenzt – eine zusätzliche Endung besitzen: „Ihr feihts in Füaßn, han ighärt“ heißt es in Max Peinkofers „Brautschau“ von der Brautmutter und „Sie hats nöt mitn Mannerleutn“ von der Braut. An anderer Stelle beschreibt Peinkofer, was die „kleine Dirn alles kann“, nämlich unter anderem „Henna greifa, d'Katzn fuadan, nachschau bei da krankn Muadan“. Von jemandem, der gewohnheitsmäßig früh am Abend zu Bett geht, sagt man „Der gejd min Hennan ins Bett“.

Im Bayerischen Wald setzt man mancherorts sozusagen noch eins drauf, indem man diese Dativendungen bei einigen Wörtern noch erweitert: „Dea is nimma guad afn/am Fejssnan“, „Gib des blos ned ausn Hentnan“, „Des ghead se ned intan Lätnan/Leitnan“.

Im Vergleich mit der Standardsprache falsch, in der Mundart jedoch nicht nur geläufig, sondern alternativlos ist die Verwendung von Dativ anstelle von Akkusativ beim Personalpronomen „ihn“, wenn es mit großer Betonung verwendet wird. „Schau ihn an!“ wird in der Mundart zu „Schau eam o!“, „Er würde sie schon mögen, aber sie mag ihn nicht“ zu „Ea daad si scho ming, owa sie mog eam ned“.

„Brestlen“ und „Diaftlen“

Substantive, die auf „-ling“ enden, haben meist ein Adjektiv als Basis, wie zum Beispiel „Weichling“, „Schönling“, seltener ein Verb wie bei „Mischling“ oder ein Substantiv wie bei „Schreiberling“. Die Endung „-ling“ vereint zwei Merkmale, die das neu kreierte Substantiv prägen: „-ing“ ist Ausdruck der Zugehörigkeit zu einer bestimmen Gruppe, „-l“ ist vornehmlich in der Mundart ein Ausdruck für Verkleinerung. Zudem ist die Endung häufig auch für eine abwertende oder ironische Färbung verantwortlich, dies umso deutlicher, je positiver die Bedeutung ist, die der Basis zugeschrieben wird: Das Adjektiv „schön“ wird grundsätzlich positiv bewertet, „Schönling“ dagegen impliziert unverkennbar Abwertung bzw. Ironie.
Auch in der Mundart sind diese Substantive mit der Endung „-ling“ recht geläufig, wenngleich die regionale Streuung beträchtlich ist: Die einzelnen Bezeichnungen sind nicht unbedingt flächendeckend bekannt, und wenn doch, können sie von der Bedeutung her auseinanderklaffen.

Wenn es endlich auf den Sommer zu geht, kann sogar der kälteempfindlichste „Gfrealen“ die Wollsocken aus dem Bett werfen. Hierbei handelt es sich um eine Zusammensetzung aus dem Verb „gefrieren“, mundartlich „gfrean“ und der Endung „-ling“, mund-artlich abgeschwächt zu „-len“.

„Brestlen“ nennt man jemanden, der nicht nur seinem körperlichen Volumen nach aus allen Nähten zu platzen droht, sondern auch vom Gehabe her groß tut. Woher der Ausdruck kommt, lässt sich nicht mit letzter Sicherheit sagen. Möglich ist ein Zusammenhang mit dem Verb „brüsten“, das ursprünglich in der Bedeutung „mit einer Brust versehen“ auf den entsprechenden Teil einer Rüstung verweist. Naheliegend ist jedoch auch die Verwandtschaft mit „Pröbstling“, einer Ableitung von „Propst“ („Aufseher“, „Vorgesetzter“). Laut Wörterbucheintrag von J.A. Schmeller bedeutet „Pröbstling“ „große Erdbeere“, aber auch „ein dicker, fetter Mensch“.

Das Gegenteil davon ist der „Diaftlen“, einer, der seinen Ansprüchen und auch den Ansprüchen anderer nicht gerecht werden kann. Der Ausdruck kann sich sowohl auf sein äußeres, mickriges Erscheinungsbild beziehen als auch auf seinen niedrigen oder fehlenden wirtschaftlichen Status. Der „Diaftlen" ist also „dürftig" oder „bedürftig" oder sogar beides.

Der „Gschislen" (mit langem „i") ist ein übervorsichtiger, ängstlicher Mensch, einer, der leicht ohne große Ursache „Schiß" hat und dann eventuell auch noch „a Gschis vobringt", das heißt seine Ängstlichkeit zelebriert. Zu diesem Bedeutungsfeld gesellen sich auch noch das entsprechende Adjektiv: „Sa hoid ned owei goa so gschise" (mit langem „i") sowie das Substantiv „Schisser". Die Herkunft dieser Ausdrücke steht außer Frage, sie gehen alle auf mittelhochdeutsch „Schîze, schîzen" („Scheiße", „scheißen") zurück.

Während die bisher genannten Substative mit der Endung „-ling" in leicht abwertender Weise Eigenschaften von Personen beschreiben, beziehen sich die beiden folgenden auf Körperteile, wobei ebenfalls eine geringschätzige Charakterisierung mitschwingt. „Wou hostan dein Gagerlen owei?" fragt man sein Gegenüber, wenn es sich nicht auf das konzentriert, was man selber für wichtig ansieht, sondern Blick und Gedanken abschweifen lässt. Die Herkunft dieser Bezeichnung für den Kopf bleibt ungewiss. Mittelhochdeutsch „gageren, gagern" mit der Bedeutung „sich hin und her wiegen, zappeln" könnte einen schwachen Zusammenhang mit der Unkonzentriertheit in der gerade beschriebenen Situation herstellen. Auch die Einbeziehung des Substantivs „Gagerer" („Kopf") und des Verbs „gagern" („neugierig schauen") führen bezüglich der Wortherkunft zu keinem befriedigenden Ergebnis.

Besser verhält es sich mit der Deutung des Ausdruck „Birgerlen". In bestimmten Situationen, zum Beispiel wenn sich etwas bestätigt, was der Gesprächspartner nicht für möglich gehalten hatte, oder wenn man etwas geschafft hat, was einem keiner zugetraut hat, ist eine Bemerkung angebracht wie „Gej, do bazts da deine Birgerlen aussa!" J.A. Schmeller schreibt dazu im Bayerischen Wörterbuch: „Birkaug, Birkling, für Auge überhaupt (verächtlich)". Eindeutig ist hier der Zusammenhang mit „Birke", deren Name auf indoeuropäisch „*bhereg" („glänzend, weiß") zurückgeht. Darauf verweist auch Ludwig Zehetner in „Bairisches Deutsch", wo er das Verb „birkeln, birgeln" als mund-

artliche Form für „die Augen weit aufreißen, so dass man das Weiße sieht" beschreibt.

Bei den folgenden beiden Substantiven mit der Endung „-ling" steht weniger der abwertende Charakter im Vordergrund als vielmehr der Hinweis auf Verkleinerung, zumal sie sich häufig auf Kinder beziehen. „Hampferlen" (mit hellem „a") bezeichnet ein pfiffiges Kleinkind mit spitzbübischem Naturell, wobei der Ausdruck keineswegs tadelnd gemeint ist. Seine Herkunft steht mutmaßlich mit der Bezeichnung „Hänfling" für eine Finkenart in Zusammenhang, so dass mit „Hampferlen" wohl auch eine eher zarte körperliche Konstitution des Kindes angesprochen ist.

Anders ist das beim „Wamperlen" (mit dunklem „a"). Dieser Ausdruck ist von der in der Mundart allgemein gebräuchlichen Bezeichnung „Wampm" für den Bauch abgeleitet. Lautlich hat sich „Wambe, Wampe" seit dem Mittelhochdeutschen kaum verändert.

Während „Hampferlen" in der bairischen Mundart eher veraltet und daher kaum noch in Gebrauch ist, gehört „Wamperlen" zum aktuellen mundartlichen Sprachinventar auch der jungen Generation. Unter die Rubrik „Erlebtes und Erlauschtes" kann die folgende, kürzlich beobachtete Situation eingeordnet werden: Der junge Vater krault seinem Baby liebevoll das nach erhaltener Mahlzeit pralle Bäuchlein mit den Worten: „Bisd du a gloana Wamperlen? Des hosd du vo mir!"

Dua di ned owe – mir san eh glei unt

Prof. Dr. em. Rüdiger Harnisch

Touristen aus dem nichtbairischen „Ausland“, die sich nach Ankunft an ihrem altbayerischen Urlaubsort bei dialekttreuen Einheimischen nach Weg und Lage ihres Hotels erkundigen, können gleich in den ersten Minuten ihres Aufenthalts Bekanntschaft mit der bairischen Art und Weise machen, Richtung und Ort anzugeben: „Do gengan S' do glei owe, drunt ums Eck ume und zwanz'g Meter fire, no han S' a scho durt“, könnte ein Hiesiger den Weg beschrieben haben. Dem „Preußen“ gefällt das. Besonders das „e“ im Auslaut solcher Ausdrücke hat es ihm angetan, tönt es doch fast wie ein „i“ und verbreitet damit einen Hauch von klanglicher Exotik. Bald hört man ihn scherzhaft schon selber so reden: „Lass uns doch nochmal zur Donau ‚obi' gehn, Schatz.“

Doch so exotisch ist dieses auslautende „e“ gar nicht. Es ist nichts anderes als das lautliche Überbleibsel von „hin“, mit dem die Sprecher ihre Perspektive auf Bewegungen im Raum ausdrücken, die von ihnen weg gerichtet sind. Das Besondere im Bairischen ist aber, dass es hinten angehängt wird. „Owe“, „ume“ und „fire“ sind also die Verbindungen „ab-hin“, „um-hin“ und „für-hin“ in bairischer Aussprache. Sie entsprechen den hochdeutschen Ausdrücken „hin-ab“, „hin-um“ und „hin-für“.

Was unserem Touristen dann in der Regel gar nicht mehr auffällt, ist die Tatsache, dass es im Bairischen noch eine andere Endung bei solchen Richtungsausdrücken gibt. Nehmen wir dazu wieder das Beispiel von oben, drehen aber die Perspektive um und lassen den bairischen Hotelier sprechen, der den Urlauber auf sich zukommen sieht: „Der kimmt owa, herunt biagta ums Eck uma, lafft de zwanz'g Meter fira, un scho is a do.“ Dieses angehängte „a“ drückt das genaue Gegenteil von dem aus, was das angehängte „e“ leistet. Es zeigt an, dass die Bewegung auf den Sprecher zu gerichtet ist. Es ist der lautliche Rest von „her“. „Owa“, „uma“ und „fira“ sind also die Verbindungen „ab-her“, „um-her“ und „für-her“ in bairischer Aussprache. Sie entsprechen den hochdeutschen Ausdrücken „her-ab“, „her-um“ und „her-für“.

Dass unser Tourist, der nur Hochdeutsch kann, diesen Endungsunterschied im Bairischen nicht wahrnimmt, hängt auch damit zusammen, dass diese perspektivische Unterscheidung im Hochdeutschen und in der Umgangssprache gar nicht gemacht wird. Da schickt man von sich weg weisend jemanden den Berg „rauf" genauso, wie man jemanden zu sich auf den Gipfel „rauf" kommen sieht. Der Baier aber muss (!) hier zwischen „afe" und „afa" unterscheiden.

Gibt es bei den Ausdrücken für die Lage im Raum ähnliche Möglichkeiten, die Sprecherperspektive zu unterscheiden, wie bei den Ausdrücken für die Bewegung im Raum? – Ja, wenn wir im Eingangsbeispiel den Ausdruck „drunt" und im Umkehrbeispiel den Ausdruck „herunt" betrachten. Nur wird dieser Unterschied diesmal nicht mit Endungen ausgedrückt, sondern mit Vorsilben. "Dr-unt" heißt „dort unten" (fern vom Sprecher), „her-unt" heißt „hier unten" (nah beim Sprecher).

Bei den Vorsilben für den Ausdruck der Lage-Perspektive unterscheidet sich das Bairische also nicht so stark vom Hochdeutschen. Auch dort heißt es ja zum Beispiel „dr-üben" und „her-üben". Das Besondere der bairischen Ausdrücke liegt dagegen wieder am Wortende. Es fehlt nämlich die Nachsilbe „en", so dass es „drunt" heißt statt „drunt-en" und „hint" statt „hint-en". Auch das typisch bairische „drent" und „herent" hat diese Form. Allen gemeinsam ist aber, dass sie auf ein „t" ausgehen. Das ist ein so starkes Muster, dass die Baiern auch solchen Ortsangaben ein „t" anhängen, die es eigentlich gar nicht haben dürften. So sagen sie „draus-t" statt „draus", wie es eigentlich heißen müsste.

Die Ausdrücke, mit denen die Dimensionen „(nach) vorn/hinten“ und „(nach) oben/unten“ oder die räumlichen Verhältnisse „(nach) innen/außen“ gekennzeichnet werden, werden im Bairischen – zumal, wo die Gegend gebirgig oder hüglig ist – mit Ortsnamen verbunden, wo es im Hochdeutschen oft nur blass „in“ oder „nach“ heißt. In einer Abschlussarbeit am Lehrstuhl für Deutsche Sprachwissenschaft wurde vor ein paar Jahren untersucht, welche genauen räumlichen Differenzierungen die Bewohner unseres Landstrichs vornehmen. Die Verfasserin konnte zum Beispiel feststellen, dass die Passauer in Orte des Bayerischen Waldes (Grafenau, Freyung, Waldkirchen) „eine“ fahren, also hinein in das Gebirge, das offensichtlich als ein Raum empfunden wird, der einen umschließt (gleichsam birgt). Eigentlich müssten dann Bewohner dieser Bayerwaldorte umgekehrt auf Passau „ause“ fahren, also aus dem Gebirgsraum hinaus. Die Waldkirchner fahren aber ebenfalls auf Passau „eine“. Doch diesem „eine“ liegt eine andere Vorstellung der Umschlossenheit zugrunde. Das kann die Perspektive auf das geschlossene Gebilde Stadt sein, in das man „hinein“ fährt, um da „drin“ etwas zu besorgen. Das kann aber auch die Vorstellung sein, dass Passau in die Dreiflüsseniederung eingebettet liegt, also im Talkessel „drin“, umschlossen von den umgebenden Hügeln.

Auf Nachfragen, warum sie zu einem Ort einen bestimmten Richtungsausdruck verwenden, können die Dialektsprecher die Motive plausibel schildern. So fahren die Böhmzwiesler auf Waldkirchen „ause“, weil sie ihr Dorf als „tiefer“ (im Sinne von weiter drin) im Wald gelegen empfinden. Bei den Erlauzwieslern, die ebenfalls auf Waldkirchen „ause“ fahren, finden wir aber ein ganz anderes Benennungsmotiv. Sie fahren aus einer leichten Senke, in der ihr Dorf liegt, hinaus nach Waldkirchen.

Dass die Bewohner von Richardsreut bei Waldkirchen deswegen auf Hauzenberg „owe“ fahren, weil letzteres im genordeten Kartenbild südlicher liegt, nehmen wir nicht an. Dafür ist diese rein kartographische Denkweise zu jung. Dass Hauzenberg fünf Höhenmeter tiefer liegt als Richardsreut, wird auch nicht entscheidend sein. Auf diese Distanz ist das nicht wahrnehmbar. Dass es auf dem Weg von Richardsreut nach Hauzenberg fast ausschließlich bergauf geht, scheint der Perspektive, es gehe „owe", vollends zu widersprechen. Doch geht es die letzten anderthalb Kilometer ziemlich steil nach Hauzenberg hinab. Dieser Eindruck scheint sich also vorzudrängen. Die auf der Strecke aufgebaute Höhe wird gleichsam auf den letzten Metern „gutgemacht".

Es war bereits von zwei Zwängen die Rede. Die Baiern müssen nach Sprecherperspektive differenzieren („owe" vom Sprecher weg, „owa" auf ihn zu) und sie müssen Ort- und Landschaften räumlich näher bezeichnen (auf Waldkirchen „ause", ins Behm „eine", ins Amerika „ume"). Ein dritter Zwang kommt hinzu: Auch wenn Ausdrücke nur wie räumliche aussehen („Tu dich nicht ab!"), müssen sie gekennzeichnet werden, als hätten sie eine Sprecherperspektive. „Dua di ned o" geht nicht. Wie es heißen muss, zeigt ein Beispiel aus der Sag-Wort-Sammlung von Josef Fendl: „Dua di ned owe", hat dersell Fallschirmspringer zu sei'm Freind g'sogt, wia der recht g'fluacht hod, weil sei' Fallschirm ned afganga is, „mir san eh glei' unt!"

Blinde Katzn fanga

Kinderspiele zählen zu den Dingen, die trotz aller Neuerungen Zeit und Raum überdauern. Überall auf der Welt spielen Kinder zum Beispiel Fangen und Verstecken, auch in Niederbayern. Hier sagt man neben „Fanga spejn" auch „Norenna" und „Nochlafa". Nördlich der Donau und westlich der Ilz kennt man für dieses Spiel „Geierfanga", in einem Gebiet südlich der Donau und südöstlich der Isar den Ausdruck „Howetaubmfanga", der „Jäger" und „Gejagten" klar definiert: Habicht und Taube.

Auch Verstecken spielen ist seit jeher ein beliebtes Kindervergnügen. „Vosteckaless" heißt es in Niederbayern an der Grenze zur Oberpfalz und ganz

im Westen im Landkreis Kelheim, „Oschmucka“ östlich der Ilz. Überwiegend ist es unter der Bezeichnung „Gukubean“ bekannt.

Außer einem Tuch, um die Augen zu verbinden, ist für das folgende Spiel – wie auch für die zuvor genannten – keinerlei „Equipment“ erforderlich. Die „blinde Kuh“ versucht mit verbundenen Augen einen der um sie herumhuschenden Spielgefährten zu erwischen, damit diesen ihr Los ereilen möge. Im nördlichen Teil Niederbayerns kennt man dieses Spiel als „blinde Katzn fanga“, Richtung Osten bis an die Ilz fängt man als spezielle Variante „Ruaßkatzn“. Auch im Gebiet südlich der Donau und nordwestlich der Isar ist die Bezeichnung „blinde Katzn fanga“ geläufig. Südöstlich der Isar spielen die Kinder „blinde Mais/Maisl fanga“. Auch im Bereich östlich der Ilz werden „Maisl“ gefangen, analog dazu hat sich hier sozusagen eine „Verkleinerungsform“ des zugehörigen Adjektivs gebildet: das Spiel heißt hier „blintl Maisl fanga“.

Kleineren Kindern kann man durch Huckepacktragen einen Spaß bereiten, in der Mundart ist dies als „Buglkraxndrong“ bekannt. Das Kind wird dabei auf den Rücken genommen, an den Beinen untergehakt und auf diese Weise auf dem „Bugl“ wie eine „Kraxn“ (Rückentragekorb) transportiert. Selten begegnet dafür „Haissaldrong“ („Pferdchentragen“).

Ein sportliches Vergnügen ist der Purzelbaum, der fast in ganz Niederbayern „Mucknschoas“ oder „Mucklschoas“ genannt wird. Östlich der Ilz ist „Gukumakaschoas“ geläufig. Südlich der Donau gibt es eine Vielfalt von Bezeichnungen, die aber eine gewisse systematische Ähnlichkeit aufweisen: „Boklstiaza“, „Bogbiatsla“, „Bonbiatsla“, „Bonbuatsla“.

Kribbeln im Bauch und ein Gefühl unbeschwerter Leichtigkeit verursacht das „Hutschen“, das man in ganz Niederbayern unter dieser Bezeichnung kennt, und das umso mehr Spaß macht, je stärker man „ogschutzt“ wird. Dafür ist ein Spielgerät erforderlich, nämlich die „Hutschn“ oder „Hutscha“, im nördlichen Grenzgebiet zur Oberpfalz wird die Schaukel auch „Hegatsch“ genannt.

Ein Spielzeug, das durch seine Beobachtung Freude hervorruft, ist der Kreisel. Die Vielfalt der Bezeichnungen ist sicherlich den unterschiedlichen Konstruktionen und Betriebsarten geschuldet, gemeinsam ist ihnen jedoch der faszinierende, scheinbar selbsttätig rotierende Bewegungsablauf. In einigen Orten, die nahe der Oberpfälzer Bezirksgrenze liegen, findet man das „Dradewawal", dem Wortsinn nach „Dreh dich, Barbara". Eine Abwandlung davon, nämlich „Drallawatsch" ist in Einzelbelegen über ganz Niederbayern verbreitet. Die drehende Bewegung beschreibt ebenfalls der Ausdruck „Draller", dessen Vorkommen hauptsächlich auf das Gebiet südlich der Donau beschränkt ist. Dagegen bezieht sich die Bezeichnung „Burra", die östlich der Ilz beheimatet ist, wohl auf das Geräusch des Spielzeugs. Neben vereinzeltem „Bärntreibm" als Tätigkeitsbeschreibung und dem „Bummalhund" überwiegt nördlich der Donau eine Form des Kreisels, die „Bejdaskopf" (Peterskopf) oder „Bejdasschel" genannt wird. Die Herstellung des entsprechenden Kreisels beschreibt Johann Andreas Schmeller so: „man wickelt eine schnur um eine art spindel, zieht dann gählings die schnur herab, wodurch die spindel in eine lange wirbelnde bewegung gesetzt wird".

Ein unterhaltsames und spannendes Spiel ist das „Schussern". Dabei versuchen die Spieler aus einer bestimmten Entfernung mit dem eigenen Spielkügelchen in ein für diesen Zweck vorbereitetes „Lel" („Löchlein") zu treffen. Wem dies zuerst gelingt, der erhält als Gewinn die eingesetzten Schusser der Mitspieler. „Schusser", eine Ableitung vom Verb „schießen", ist in ganz Niederbayern geläufig, nördlich der Donau auch mit den Varianten „Schussara" und „Schustara". Hier kennt man auch den Ausdruck „Stoanara", der sich ebenso auf das Material bezieht wie die Bezeichnung „Kedara" (aus Lehm oder Ton). Südlich der Donau werden im Gebiet zwischen Rott und Isar die Schusser auch „Arwa" oder „Arwakugeln" (gesprochen: „Awa" mit hellem „a" am Beginn) genannt. Auch diese Benennung hängt mit dem Material zusammen, nämlich dem Marmor. Wohl vom französischen „marbre" hat sich in der bairischen Mundart „Arwa" entwickelt, unter ähnlichen lautlichen Abläufen, wie es bei „Ärmel" und „Irwe" der Fall ist.

Ist auch das „Schussern" heutzutage nicht mehr recht in Mode, so weist doch die Tatsache, dass sich der Ausdruck in mundartlichen Redensarten verfestigt hat, darauf hin, dass es über mehrere Kindergenerationen hinweg eine übliche und beliebte Freizeitbeschäftigung war. Berichtet man eine völlig überraschende Neuigkeit, so dass sich das Erstaunen am Gesichtsausdruck, vor allem an den hervortretenden Augäpfeln des Angesprochenen ablesen lässt, ruft man aus: „Gej, do treibts da d'Schusser aussa!". Gegen ein allzu vertrauliches Benehmen, für das es keinerlei Anlass gibt, verwahrt man sich mit der Frage: „Hamma ebba mir scho mitananda gschussert?"

A schene Leicht

„Doutnmonat“ wird der November in der Mundart genannt, und das aus gutem Grund: Er wird in Verbindung gebracht mit Nebel, früh einsetzender Dunkelheit, die Natur ist nicht mehr farbenprächtig, sondern wirkt tot. Eingeleitet wird der November von Allerheiligen und Allerseelen, den Tagen, an denen aller Verstorbenen, ganz besonders aber der verstorbenen Angehörigen gedacht wird. Auch Volkstrauertag und Totensonntag fallen in den November.

Nicht zuletzt mangels Leichenhäusern und Krematorien sowie auch medizin- und krankenversicherungstechnischer Möglichkeiten war der Umgang mit Sterbenden und Toten weit bis ins letzte Jahrhundert hinein ein anderer als heute. Das Sterben fand in der Regel zu Hause im familiären Umfeld statt; der Tote blieb bis zur Beerdigung daheim und wurde auf einem Brett aufgebahrt. Das „Doutnbred“ wurde nach der Beerdigung zur Erinnerung an den Verstorbenen aufgestellt. Zuvor aber traf man sich zur Totenwache, zum „Afbleim“. Mysteriöse Begebenheiten wurden bei dieser Gelegenheit späteren Zuhörern überliefert, sie waren aber wohl das Resultat der ungewöhnlichen Situation der unmittelbaren Nähe des Todes bzw. des Toten. Eine Befragung über das Brauchtum in Bayern um 1910 hat unter anderem ergeben, dass es „beim Aufbleiben in der Regel große Räusche gibt“ – die Totenwache konnte also auch ein geselliges Ereignis sein.

Von kirchlicher Seite wurde das Ableben eines Gemeindemitgliedes durch das Läuten der Totenglocke publik gemacht und so zum Gebet für den Verstorbenen aufgefordert. „Steabglokn“ oder „Steabglekal“ wird sie in ganz Niederbayern genannt, zum Teil auch „Doutnglokn“ oder „Doutnglekal“. Nur südlich der Donau kennt man den Ausdruck „Zugglöcklein“, mundartlich „Zigglekal“ oder „Zinglekal“, seltener auch „Zugglekal“. Schon im Mittelhochdeutschen hat „Zuc, Zug“ neben anderen auch die Bedeutung von „Atemzug“ in der Redewendung „an den letzten Zügen ligen“. Auch J.A. Schmeller führt im Bayerischen Wörterbuch von 1837 „Züge“ als Ausdruck für „Agonie“ (Todeskampf) auf und leitet davon das „Zügenglöcklein“ mit der mundartlichen Form „Zigleckl“ ab.

Wer es sich leisten konnte, bettete den toten Angehörigen für die Beerdigung in einen Sarg, vielfach war dieser jedoch nur ein geliehenes Transportmittel für den Verstorbenen zum Grab. Im größten Teil Niederbayerns heißt der Sarg „Truhe". Ganz im Osten nördlich der Donau ist dafür „der Trau" geläufig, südlich der Donau, ebenfalls im Osten „der Trauv". Für die Herkunft dieses Ausdrucks gibt es keine schlüssige Erklärung. J.A. Schmeller erwähnt zwar „Traub" in der Bedeutung „Totensarg", geht aber ansonsten nicht weiter darauf ein. In etymologischen Nachschlagewerken wird für ältere Sprachstufen der Zusammenhang mit „Trog" hergestellt. Zur Unterstützung dieser Theorie kann auch das Englische herangezogen werden: „Trough" heißt hier „Trog", dieses Wort wurde bis zum 15. Jahrhundert auch in der Bedeutung „Sarg" verwendet.

Die letzte Station für den Toten bleibt der Friedhof. In Niederbayern gibt es mundartlich hierfür keinen Unterschied zum Hochdeutschen: überall ist der „Friedhof" geläufig. Ursprünglich wurde mit diesem Ausdruck der abgegrenzte, „eingefriedete" Bereich um die Kirche bezeichnet. Diese Bedeutung ging jedoch verloren. Heute versteht man den Friedhof als Ort, an dem die Verstorbenen ihren Frieden finden.

Bekannt und gebräuchlich ist auch noch „Freidhof", diese Lautung ist älter als „Friedhof" einzustufen und entspricht der lautgeschichtlichen Entwicklung aus dem mittelhochdeutschen „Vrîthof": wie in mittelhochdeutsch „wîp" („Weib") oder „wîn" („Wein") hat sich auch das lange „î" in „Vrîthof" zu „ei" entwickelt. Kleinräumig, vor allem im Bayerischen Wald, ist aus diesem Zwielaut wieder ein Monophthong geworden: „Frädhof".

Auch der „Gottsacker" ist geläufig, wenngleich diese Bezeichnung nicht so häufig verwendet wird wie „Friedhof" und „Freidhof".

Die Trauergemeinde geht in Niederbayern nicht auf die Beerdigung, sondern „af", „in" oder „mit da Leicht/Lächt/Leich". Im Mittelhochdeutschen wurde der Ausdruck „lîch" sowohl für „Leiche" als auch für das „Leichenbegräbnis" gebraucht, diese Verwendungsweise hat sich in der Mundart bis heute erhalten. Wurde die ganze Zeremonie besonders feierlich und ergreifend gestaltet, dann war es „a schene Leicht". Zu diesem Eindruck trug maßgeblich auch die anschließende Zusammenkunft der Trauergäste im Wirtshaus bei.

Im gesamten Bayerischen Wald bis an die Ilz ist man zum „Leichtrung/Lächtrung" oder „Leichntrung/ Lächntrung" eingeladen, ebenso ganz im Westen, zum Beispiel Kelheim, Riedenburg, Peising. Hauptsächlich östlich der Ilz heißt diese Zusammenkunft „Doudnsuppn", in der Neuen Welt „Deoudnsuppn" (wie mittelhochdeutsch „Totensuppe"); in einem kleinen Gebiet um Tittling, Eging am See, Ruderting gibt es dafür der Ausdruck „Doudnziarung" („Totenzehrung"). Südlich der Donau ist „Gremess" üblich, was wohl eine leicht abgewandelte Variante vom mittelhochdeutschen „Grebnus" für „Begräbnis" ist. Ebenfalls südlich der Donau, aber ganz im Osten, sagt man „Dreisgast". Diese Bezeichnung geht zurück auf den Brauch, am „Dreißigsten" (wohl der dreißigste Tag nach dem Tod) an der Grabstätte die letzte Seelenmesse für den Verstorbenen zu halten. J. A. Schmeller beschreibt im Bayerischen Wörterbuch den „Leichentrunk nach dem Dreißigsten".

Di hod da Miaznkoda ogschissn

„Ich bin ja so verschossen in deine Sommersprossen – von Kopf bis zu den Flossen bist du voll Sommersprossen, in die bin ich verschossen" – so hieß es 1982 in einem Lied der Berliner Band „UKW". Weniger charmant kommt die Mundart daher, wenn es um die „Hyperpigmentierung" geht: „Di hod da Miaznkoda ogschissn".
Jedoch gibt es auch neutralere Bezeichnungen für die Sommersprossen. Nördlich der Donau sind es größtenteils die „Summascheckn", ebenso im östlichen Drittel südlich der Donau (zum Beispiel Aldersbach, Pocking, Wittibreut). Die Herkunft dieses Ausdrucks ist schnell erklärt: Mittelhochdeutsch „schecke" meint „fleckig", es handelt sich also um Flecken auf der Haut, die durch vermehrte Sonneneinstrahlung im Sommer verursacht werden. In dem kleinen Gebiet nördlich der Donau und östlich der Ilz (zum Beispiel Grainet, Büchlberg, Breitenberg, Wegscheid) hat sich die Mundart vom getupft wirkenden Schwanzfederkleid des Kuckucks inspirieren lassen und den Ausdruck „Guckatscheckn" kreiert. Im mittleren Drittel südlich der Donau (zum Beispiel Haunersdorf, Malgersdorf, Dornwang) ist das Simplex „Scheckn" für die Sommersprossen gebräuchlich, aber auch die Zusammensetzung „Miaznschis". Im westlichen Teil südlich der Donau findet man überwiegend „Summamial". J.A. Schmeller stellt im Bayerischen Wörterbuch hier eine Verbindung her zum schottischen „mirles", das Masern, also eine ebenfalls fleckige Veränderung der Haut, meint.

Während Sommersprossen mittlerweile so „in" sind, dass die Kosmetik-Branche sogar Möglichkeiten zu ihrer künstlichen Erzeugung anbietet, kämpft vor allem der jugendliche Mensch mit ganz anderen Hautveränderungen, nämlich den Pickeln. Überall in Niederbayern hat man „Wimmal", dieser Ausdruck kommt vom mittelhochdeutschen „Wimmer" und umfasst in dieser Sprachperiode die Bedeutung „Auswuchs, Bläschen auf der Haut, Warze". Im gesamten niederbayerischen Gebiet ist auch die Bezeichnung „Midessa, Mibfressa" verbreitet, wenngleich nicht in derselben Dichte wie „Wimmal". Laut Duden handelt es sich dabei „nach dem älteren Volksglauben um Würmer, die besonders Kindern in die Haut gezaubert worden seien und von der

Nahrung mitäßen". Nördlich der Donau im oberen Bayerischen Wald (zum Beispiel Lindberg, Zachenberg, Prackenbach) und südlich der Donau im westlichen Teil Niederbayerns (zum Beispiel Pfeffenhausen, Biburg, Obereulenbach) sagt man zu den Pickeln auch „Suil" oder „Suial", was auf mittelhochdeutsch „Siure" für „Milbe, Krätzmilbe" zurückgeht, die spätere Bedeutung „Pickel" hat sich erst im Laufe der Zeit entwickelt. In diesen Gebieten ist auch der Ausdruck „Binkn" oder „Binkl" gebräuchlich. Im Bayerischen Wörterbuch von Schmeller findet man dazu „Pinken" für „Blatternarbe". Im Osten Niederbayerns kommt auch vereinzelt „Engalen", wie hochdeutsch „Engerling“ vor (mittelhochdeutsch „Engerlinc“ mit der Bedeutung „Kornmade“), was sich in das Bedeutungsfeld „Mitesser“ einfügt. Der große Bruder des Pickels, der Furunkel, ist in der bairischen Mundart der „Oas“ (Mehrzahl „Oiss“) und geht auf mittelhochdeutsch „Eiz“ für „Geschwür, Eiterbeule“ zurück. Der Ausdruck ist in ganz Niederbayern und weit darüber hinaus verbreitet.

Veränderungen der Haut können nicht nur, wie die Sommersprossen, durch die Sonne, sondern auch durch andere äußere Einflüsse hervorgerufen werden. Schrunden zum Beispiel entstehen durch die Einwirkung von Nässe und Kälte. Die trockenen, äußerst schmerzhaften Risse in der Haut werden in Niederbayern hauptsächlich mit zwei ganz unterschiedlichen Bezeichnungen benannt. Südlich der Donau sind es größtenteils, wie im Hochdeutschen, die „Schrundn“. Bereits im Mittelhochdeutschen gab es den Ausdruck „Schrunde“ in der Bedeutung „Riss in der Haut“. Nördlich der Donau sowie auch in einem kleinen Gebiet südöstlich der Donau kennt man die Schrunde als „Glu“, „Glufd“, in der Mehrzahl als „Gli“, „Glifd“. Die Entwicklung dieses Ausdrucks aus früheren Sprachstufen ist nicht eindeutig nachvollziehbar, mutmaßlich besteht aber ein Zusammenhang mit mittelhochdeutsch „klieben“ („spalten“) bzw. „Kluft“ („Spalte“). Die spezielle Bedeutung für den „Riss in der Haut“ hat sich erst in späterer Zeit herauskristallisiert. Vereinzelt wird die Schrunde auch als „Bamhackl“ bezeichnet. Schmeller gibt dazu im Bayerischen Wörterbuch neben der Bedeutung „Specht“ auch „ein Übel an den Beinen oder Händen, wenn sie durch Nässe und Kälte, dann plötzliche Wärme Hautrisse und kleine Schuppen bekommen“ an.
Während die Schrunde sich nur zögerlich wieder verschließt, bildet sich bei oberflächlichen Hautverletzungen recht rasch eine schützende Kruste. Mundartlich ist das Gebiet Niederbayern auch für diesen Sachverhalt zweigeteilt: Nördlich der Donau dominiert ganz klar die „Raue“, die lautlich als „Rauan“, „Raun“ oder „Ran“ (dunkles „a“) umgesetzt wird. Sie lässt sich herleiten vom mittelhochdeutschen „Riude, Rude“ für „Räude, Schorf“. Südlich der Donau ist fast ausschließlich die „Rufe“ vertreten in Form von „Rufa“, „Rufan“ oder „Rifan“. Der mittelhochdeutsche Ursprung ist „Ruf, Rufe“ und hatte schon seit dem 11. Jahrhundert die Bedeutung „Schorf“.

Kennt inta, koid is's!

Der Begriff „Bairische Kennwörter“ wurde von dem Kärntner Germanisten und Dialektforscher Eberhard Kranzmayer geprägt. In Urkunden und anderen historischen Texten forschte er intensiv nach sprachlichen Merkmalen, die nur für das Bairische typisch waren und sind. Umfangreiche Untersuchungen nahm er auch am gesprochenen Dialekt vor. Auf diese Weise trug Kranzmayer eine Vielzahl von Dialektmerkmalen zusammen, die nur im Bairischen und in keinem anderen Dialekt vorkommen, also auch nicht im benachbarten Schwäbischen und Fränkischen. Ungefähr 80 dieser Dialektmerkmale sind als rein bairische Kennwörter in der wissenschaftlichen Dialektforschung anerkannt. Wo sie vorkommen bzw. vorkamen, wird bairisch gesprochen, das sind neben Altbayern (Niederbayern, Oberpfalz, Oberbayern) auch Teile Südtirols, Südmährens, Südböhmens und des Egerlandes sowie die meisten Teile Österreichs. In allen angrenzenden Mundarten kommen diese Kennwörter nicht vor.

Natürlich wurden auch Herkunft und Alter der Kennwörter erforscht. Die ältesten stammen aus der Zeit der Völkerwanderung (4.-6. Jahrhundert) und wurden von den Ostgermanen mitgebracht. Aus dieser Epoche bis in unsere Zeit haben sich zum Beispiel die Wochentagsnamen „Ertag“ („Iada“) und „Pfinztag“ („Pfinsta“) gehalten. „Ertag“ geht auf den Kriegsgott Ares zurück und fand als ostgermanisches „Ardeinsdag“ seinen Platz im Bairischen. „Pfinztag“ leitet sich vom griechischen „pempte Hemera“ her, das bedeutet „fünfter Tag“ (Zählung ab Sonntag). Ins Bairische kam „Pfinztag“ auf dieselbe Weise wie „Ertag“. Dass diese Bezeichnungen für Dienstag und Donnerstag noch einen festen Stand in der Mundart haben, zeigt der Titel eines Artikels im „Bayerwald-Boten“, in dem über das örtliche Faschingstreiben berichtet wurde: „Lustiger Irda in Gotteszell“.

Fast aus dem Sprachgebrauch verschwunden ist dagegen „tengg“ für „links“. „Der schreibt mid da denggn Hent“ – das ist heute ein „Linkshänder“. „Tengg“ gehört auch zu der Gruppe der ältesten bairischen Kennwörter, ebenso wie der „Fasching“.

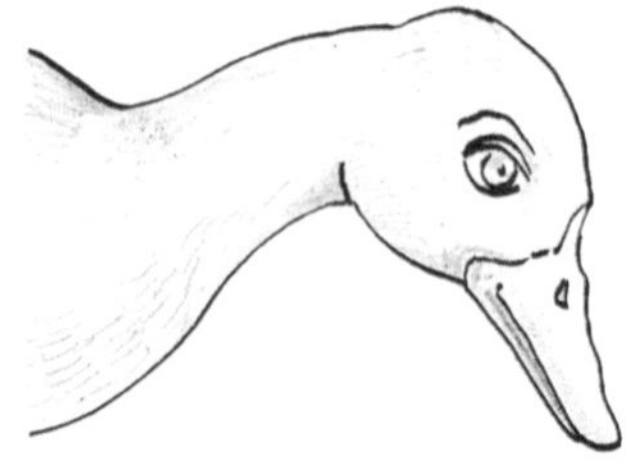

Nicht ganz so alt ist das oder die „Pfoad“ in der Bedeutung „Hemd“. „Pfoad“ ist zwar in der bairischen Mundart noch bekannt, aber kaum noch in Gebrauch, und wenn, dann am ehesten in abwertender Bedeutung für schlampige Kleidung: „Ja, wos hosdan du für a Pfoad an!“ oder in der Verkleinerungsform „Pfoidl“, wobei oft das Unterhemd gemeint ist. „Es“ („ihr“) und „enk“ („euch“) gehören ebenfalls zu dieser jüngeren Gruppe und sind in der bairischen Mundart noch lebendig: „Gengts es scho hoam?“, „Schickts enk a weng!“ – solche Sätze wirken keineswegs altertümlich. Auch in Grußformeln sind diese alten Formen präsent: „Griaß enk God“, „Pfiat enk God“ und analog dazu oftmals auch „Guad enk Nacht“. Mit „es“ und „enk“ ist wie mit „ihr“ und“ euch“ eine beliebige Anzahl von Personen (mehr als eine) angesprochen – das war nicht immer so. Bis zum 12. Jahrhundert gab es neben Einzahl und Mehrzahl noch die grammatische Form des „Dual“, die nur 2 Personen bezeichnete. Dafür standen „es“ und „enk“ und bedeuteten dementsprechend „ihr beide“ und „euch beiden“.

„Kent inta, koid is's“, hochdeutsch: „Zünde (heize) den Ofen an, es ist kalt“. „Kenten“ gehört auch zu dieser Gruppe, ebenso der „God“ oder „Göd“ („Pate“, mancherorts abgewandelt zu „Dod“ und „Död“), „Hoar“ für „Flachs“ und „awa“ in der Bedeutung „schneefrei“. Diese jüngere Gruppe bairischer Kennwörter – „Pfoad“, „es“, „enk“ und die eben genannten – war bis ins 6./7. Jahrhundert im gesamten deutschsprachigen Raum verbreitet, in späterer Zeit bis heute waren und sind sie nur noch in der bairischen Mundart verwurzelt.

Die dritte Gruppe bairischer Kennwörter ist noch wesentlich jünger und direkt aus dem Bairischen selbst hervorgegangen. Hierzu gehört der „Rauchfang“, mundartlich „Rafang/Raufang“. Dieser Begriff trägt der baulichen Veränderung vom offenen Rauchabzug zum gemauerten, den Rauch „einfangenden“ Abzug Rechnung. Das „Fürtuch“, mundartlich „Fiada“ für die

„Schürze", der „Scher" für den „Maulwurf", der „Antara" für die männliche Ente, der „Weier(er)", mundartlich „Woja(ra)" für das Leitseil beim Ochsenfuhrwerk und „iadrucka" für „wiederkäuen" fallen auch in diese Gruppe und sind zum Teil ab dem 11. Jahrhundert, zum Teil auch erst seit dem 16. Jahrhundert im Bairischen belegt.

Die Ausdrücke aller drei Gruppen sind auf dem Rückzug, sie kommen zwar in der bairischen Mundart vor, aber längst nicht mehr im gesamten bairischen Sprachgebiet, sondern, wenn überhaupt, dann nur relikthaft und räumlich begrenzt. Manche sind nur noch in der Erinnerung von Mundartsprechern abzurufen, wie etwa der „Woja(ra)", da sie mangels praktischer Entsprechung – Fuhrwerke mit Ochsen oder Kühen sind heutzutage eher selten anzutreffen – einfach nicht mehr gebraucht werden.

Z'achtas hamma gwen

„Miak fei afn Nummara af!" mahnt eine ältere Dame ihren Begleiter, der vor Beginn einer Musikveranstaltung mittels Platzkarte den zugehörigen nummerierten Sitzplatz sucht.
Das Geschlecht der standardsprachlichen weiblichen „Nummer" ist in der Mundart männlich: „da Nummara", zum einen, weil es aus dem Lateinischen kommt und dort ein Maskulinum ist, zum anderen wohl in Anlehnung an „da Oansa", „da Zwoara", „da Dreia" usw., welche ebenfalls männlich sind. Im zweistelligen Bereich ab den Zusammensetzungen mit dem „Zehner" und seinen Vielfachen ist die mundartliche Verwendung eher neutral. Auf die Frage der älteren Dame „Wos hammaran fiaran Nummara?" würde ihr Mann zwar antworten: „An Ejfa und an Zwejfa", aber wohl nicht „An Simasechzga und an Achtasechzga", sondern „simasechzg und achtasechzg". Ausnahmen sind zum Beispiel Bezeichnungen für Bekleidungsgrößen: je nach Konstitution hat man einen „Segsadreisga" oder einen „Segsaviazga"; oder auch die runden Zehnerzahlen, wie etwa bei der Geburtstagsgratulation: „Oiss Guade zum Sechzga!" Im Hochdeutschen wird an dieser Stelle die reguläre Ordinalzahl verwendet: „Alles Gute zum Sechzigsten!".

Fast in Vergessenheit geraten ist die Unterscheidung der Geschlechter bei den Zahlen zwei und drei. Für das Mittelhochdeutsche findet man in den Wörterbüchern „dri" für männliche und weibliche und „driu" für sächliche Bezeichnung. Auch im 19. Jahrhundert unterscheidet J.A. Schmeller in seinem Bayrischen Wörterbuch noch „drei, drey im Masculinum und Femininum, im Neutrum dreu, driu, droi, drui". In der gegenwärtigen gesprochenen bairischen Mundart hat sich die Zahl „drei" in allen Geschlechtern in der männlichen Form „drei" bzw. als Lautvariante „drä" durchgesetzt: „drei/drä Bama" (männlich: der Baum), „drei/drä kia/kej" (weiblich: die Kuh), „drei/drä Weiwa/Wäwa" (sächlich: das Weib).

Anders bei der Zahl zwei: Die Unterscheidung im Mittelhochdeutschen von „zwene" (männlich), „zwo, zwou" (weiblich) und „zwei" (sächlich) hat sich bis heute in der bairischen Mundart erhalten – zwar nicht flächendeckend und auch nicht in hohem Maße generationenübergreifend, aber doch gebietsweise, wie etwa im Bayerischen Wald und vermehrt bei älteren Mundartsprechern. „Do hand zwe Maana gwen …“ beginnt eine der „Rockaroisg'schichtn“, die Prof. Dr. Reinhard Haller gesammelt und niedergeschrieben hat (alle weiteren Beispiele stammen übrigens auch aus dem Fundus von Reinhard Haller). In einer anderen Lautvariante „… an Hoidara-Baarn saanö zwai Boum“, wird das „ai“ nasaliert gesprochen. „Zwe/zwai“ ist die männliche Form der Zahl zwei. „Dö hamand zwou zaadiirö Kej ghod“ bringt die weibliche Form von zwei zum Ausdruck, und „…hand die zwoa Messa vorost“ die sächliche. Die Standardsprache dagegen hat sich im Laufe ihrer Entwicklung für die neutrale Form „zwei“ in allen Geschlechtern entschieden.

Hier lässt sich übrigens auch erklären, warum sich „zwei“ und „drei“ in der Mundart nicht reimen: Von der mittelhochdeutschen Sprachstufe aus mit „zwei“ und „dri“ ging die lautliche Entwicklung deutlich auseinander: mittelhochdeutsches „ei“ wurde bairisch zu „oa“ (zum Beispiel „breit“ –„ broad“,“ leip brot“ – „loab broud“, „geisel“ – „goasl“), mittelhochdeutsches „i“ wurde bairisch zu „ei“ (zum Beispiel „win“ – „wein“, „bliben“ – „bleim“, „wit“ – „weit“).

Abgesehen von den lautlichen kommen immer wieder auch formale Unterschiede zwischen dem Standarddeutschen und dem Bairischen beim Gebrauch der Zahlwörter zum Tragen. So etwa bei der Bezeichnung der Uhrzeit. Auf die Frage „Wej vej issan?“ bekommt man zum Beispiel die Auskunft

„Hoiwe achte“ oder „Fimfe“. In der Mundart wird an die Zahl ein unbetontes „e“ angehängt, jedoch erst bei den Zahlen, die größer als eins sind und nicht vokalisch enden, deshalb fallen „oans“, „zwoa“ und „drei“ aus dieser Regel heraus. Bei „vier“ wird ja vielerorts das ursprünglich vorhandene Endungs-r durch „ia“ ersetzt, bei der Benennung der Uhrzeit wird es jedoch wieder eingefügt: „Viere is's“.

Bei der Bezeichnung der Größe einer Personengruppe werden die Zahlwörter ebenso gehandhabt wie bei der Uhrzeit: ab „vier“ wird in der Mundart ein „e“ angehängt. Auf die Frage, wie viele Teilnehmer zum gestrigen Stammtisch erschienen sind, antwortet der Gefragte: „Sime hand uns gwen“. Das ist auch bei höheren Zahlwörtern gebräuchlich: „Fuchzehne hamma gwen“. Eine weitere Variante, die denselben Sachverhalt ausdrückt, ist im mundartlichen Sprachgebrauch ebenfalls üblich: „Z'achtas hamma gwen“, was im Hochdeutschen seine Entsprechung in „Wir waren zu acht“ findet. Dabei kann die Endung „-tas“ bereits ab der Zahl „zwei“ angehängt werden: „Zwoatas hamma gwen“, „De hand glei z'drittas kema“. Je höher die Zahl im zweistelligen Bereich wird, desto geringer wird der Gebrauch dieser mundartlichen Variante.

Im monetären Bereich sind sich Standardsprache und bairische Mundart näher: „der „Fünfer“, „Zehner“, „Zwanziger“, „Fünfziger“ usw. sind männlich. Beim „Kleingeld“ wird im Bairischen folgerichtig eine Verkleinerungssilbe angehängt: das „Fimfal“, das „Zehnal“, das „Fuchzgal“, auch das „Zwanzgal“ gibt es in Euro-Zeiten wieder, nachdem es bereits vor der Einführung der D-Mark als Währungseinheit des Deutschen Reiches so hieß. Aber auch als es dann anschließend keine „Zwanzgal“-Münze mehr gab, war dieser Ausdruck in Gebrauch: der Preis war „a Zwanzgal“, obwohl man mit zwei „Zehnerl“ zahlte. Auch der Ausdruck „Zwickl“ wurde von der 2-DM-Münze auf die 2-Euro-Münze übertragen, lediglich das „Makl“ ist bei der Währungsumstellung auf der Strecke geblieben.

A so a bleda Hofa!

„I become a steak, please“ – dieser Satz würde als Bestellung in einem englischen Restaurant wohl Heiterkeit auslösen, denn das englische „become“ bedeutet „werden“, im Gegensatz zum fast gleichlautenden „bekommen“ im Deutschen. Solche Wörter nennt man „falsche Freunde“; ausgehend von der vertrauten Sprache wiegen sie den Sprecher in Bezug auf ihre Bedeutung in Sicherheit, weil sie in der Fremdsprache die gleiche oder eine sehr ähnliche Lautung aufweisen. „Gift“ ist auch so ein „falscher Freund“; im Deutschen meint es die toxische Substanz, im Englischen das Geschenk, wobei aber im deutschen Begriff „Mitgift“ diese Bedeutung noch enthalten ist. Ein französisch-bairischer „falscher Freund“ ist der Ausdruck „Bagage“, in beiden Sprachen „Bagasch“ mit der Betonung auf dem zweiten „a“ gesprochen, aber mit komplett unterschiedlicher Bedeutung: im Französischen wird damit das Gepäck bezeichnet, im Bairischen recht abfällig eine Gruppe von Menschen.

In der Sprachwissenschaft spricht man hier von Homonymen, das heißt von Wörtern, die eine identische Schreibung bzw. Lautung, aber unterschiedliche Bedeutung aufweisen. Homonyme gibt es nicht nur im Deutschen bzw. Bairischen in Bezug auf eine Fremdsprache wie Englisch oder Französisch, sondern sie sind auch für das Bairische und Hochdeutsche zu finden. „Der Schweinebraten ist gar“ heißt, dass das Fleisch durchgebraten und fertig zum Verzehr ist. Gebraucht man in demselben Zusammenhang die mundartliche Form von „gar“, beschreibt man damit eine zeitlich bereits fortgeschrittene Situation, der Schweinebraten ist verzehrt und es ist nichts mehr davon übrig: „S'Schweinane is goa!“ Im Standarddeutschen kommt das Adjektiv „gar“ nur in der Bedeutung von „fertig gebraten“ vor, im Bairischen fehlt diese komplett; dagegen kann hier alles, was begonnen hat, „goa“ werden: eine Geschichte, ein Spiel, ein Lied, das Leben. Bei „gar“ im Sinne von „überhaupt“ wird zwischen Hochdeutsch und Bairisch kein Unterschied gemacht: „Ich sag gar nichts mehr“/„I sog goa nix mea“.
Ein weiteres hochdeutsch-bairisches Homonym ist „Bein“, das im Standarddeutschen die gesamte untere Extremität von den Zehen bis zur Leiste bezeichnet. Irgendeine Stelle in diesem Skelettabschnitt ist gemeint, wenn man

auf hochdeutsch sagt: „Er hat sich das Bein gebrochen“. Ganz anders im Bairischen: „Da Hund hod a Boa“ (nasaliert gesprochen) heißt nicht, dass der Hund nur ein Bein hat, sondern einen Knochen, an dem er nagt. Im Mittelhochdeutschen bedeutete „Bein“ ebenfalls „Knochen“, diese alte Bedeutung steckt noch in den Redensarten „Das geht einem durch Mark und Bein“ und „Stein und Bein schwören“, im Sammelbegriff „Gebeine“ und im „Beinhaus“ wie auch in anatomischen Bezeichnungen wie „Schienbein“ und „Steißbein“.

Als letzter hochdeutsch-bairischer „falscher Freund“ sei hier noch der „Hafen“ angesprochen. Der standardsprachliche „Hafen“ als Schiffsanlegestelle rührt vom mittelhochdeutschen „Hap, Habe“ her, während der mundartliche „Hofa“, wie auch schon der mittelhochdeutsche „Haven“ einen Topf bezeichnet, „Hofa“ und „Hefa“ einen großen, „Hefal“ und „Hafal“ einen kleinen, letzteres auch den „Nachttopf“ bzw. das „Töpfchen“, auf dem Kleinkinder die Verrichtung ihrer „Geschäfte“ einüben. Eine eigene Bedeutung hat der „Hofa“ in der Fachsprache der Glasmacher, hier ist der Schmelztiegel gemeint. Nicht zuletzt dient der Ausdruck „Hofa“ – obwohl selber ein Maskulinum – als Schimpfwort für eine unansehnliche oder auch ungeschickte Frau: „A so a wejda/bleda Hofa!“

Homonyme gibt es nicht nur zwischen zwei Sprachen, sondern auch innerhalb einer Sprache. Im Hochdeutschen etwa kennt man „Kiefer“ als Bezeichnung für einen Teil des Gesichtes als auch für eine Nadelbaumart. Im Bairischen findet man eine Vielzahl solcher lautgleicher, aber bedeutungsunterschiedlicher Wörter. Eines davon ist das Verb „fretten“ von mittelhochdeutsch „vretten“, wo es „entzünden, wundreiben“ bedeutete, aber auch „quälen, plagen“. Dementsprechend ist es auch in der Mundart gebräuchlich: „Mi frettnd de neia Schou a so, dass i nimma geh kon“, damit wird das

Wundscheuern der Haut beschrieben. Einen Menschen, der sich nur recht und schlecht durchs Leben schlägt, nennt man einen „Fretta", er „frett se grod owei a so dua". Homonyme sind auch „suin" im Sinne von „kochen, köcheln", zum Beispiel „Eapfe suin" und „suin" im Sinne von „ständig über den selben Sachverhalt nörgeln": „Dea suid owei ins gleiche Lo eine". Ähnlich verhält es sich mit dem Verb „kopm", es kann „rülpsen, aufstoßen" bedeuten wie das mittelhochdeutsche „koppen, köppeln", aber auch notorisches Meckern bezeichnen: „Ejtza kopt a do aa scho wieda dro!"

„Bejzn" hat ebenfalls unterschiedliche Bedeutungen. Es hat seinen Ursprung im Mittelhochdeutschen „belzen", wo es für das „Pfropfen", das Veredeln von Pflanzen stand und auch heute in der Mundart noch steht, häufig auch mit der Vorsilbe „ab": „Den Bam hon i obejzt". Das Substantiv dazu ist der „Bejza", der Ableger. Eine weitere Bedeutung von „bejzn" ist „sich vor etwas drücken": „Wenns zum Ospejn wiad, bejzt a se owei!" Auch bei unangenehmen Situationen wird dieser Ausdruck verwendet, so sind in heißen Sommerwochen Aussagen zu hören wie: „Do konnst di ja kaam mehr bejzn bo dera Hitz!" Zum Ferienbeginn kommt häufig eine weitere Bedeutung zum Tragen, denn dann hat so mancher Schüler erleichtert seine Schultasche „hintarebejzt" und längere Zeit nicht mehr hervorgeholt.

Eine größere Bandbreite an Bedeutungen hat bei jeweils gleicher Lautung auch das Verb „aufgehen", in der Mundart „afge, afgai (nasaliert gesprochen)". Zum einen kann es die unbeabsichtigte Bodenberührung eines Fahrzeuges meinen: „Fohr do ned eine, waa do gejd a da aaf!" Zum anderen sagt man, wenn man zum Beispiel ein gemeinsames Geheimnis bewahren möchte: „Deaf owa neamad eps afge/afgai!", hier ist „erfahren" gemeint. Das Öffnen einer Blüte wird ebenfalls mit dem Verb „aufgehen" bezeichnet: „Die Blej hand iwa d'Nocht afganga". Regt sich jemand deutlich hör- und sichtbar über etwas auf, kann man das so kommentieren: „Schaa hi, wej dea afgejt!". Mit einem Zitat aus dem volkskundlichen Werk Prof. Dr. Reinhard Hallers, in dem er zwei Gebrauchsweisen von „aufgehen" bildhaft in Beziehung setzt, schließt sich sozusagen der Bedeutungsreigen dieses Verbs: „Dea gejd aaf wej a gerwe Lul" (Rohrnudel aus Hefeteig, „Germ").

Bessa a sechas Weda als wia goa koans

Wetter machen – diese Kunst zu beherrschen wünscht sich sicherlich manch einer während einer besonders lang andauernden kalten und nassen oder auch heißen und trockenen Wetterphase. In der volkstümlichen Überlieferung tauchen immer wieder Personen auf, denen eine solche Fähigkeit zugeschrieben wird, so zum Beispiel auch der „Stormberger", ein sagenhafter Prophet aus Rabenstein im Bayerischen Wald, von dem Folgendes erzählt wird: „Da Stoamberga hat's Weda mocha kinnt! Ea hod grad a Feial ozendt und a weng umanad gfuhrwerglt. Wenn dann da Rau aafgstiegn is, hats s'Renga ogfangt. Oda d'Sunn hat gscheint". Inwieweit dieses „Wettermachen" erfolgreich war, bleibt dahingestellt...

„S'Weda" meint im Bairischen nicht nur die allgemeine Bezeichnung „Wetter". Wegen seines großen Einflusses auf alle möglichen Bereiche des Lebens hat es auch Eingang in Redensarten gefunden und wird im übertragenen Sinn gebraucht, wenn zum Beispiel ausgedrückt werden soll, dass jemand eine besondere Vorliebe für etwas hat: „An ganzn Dog im Wirtshaus hocka und Kartnspejn," sagt die Ehefrau über ihren Mann, „des is sei Weda!". „S'Weda" bezeichnet in der Mundart aber auch das „Gewitter". Ist das Gewitter noch ganz weit weg, dann sieht man nur die Blitze und hört keinen Donner, was bildhaft „Wetterleuchten" genannt wird. „Wedaleichtn" ist im Bairischen überregional gebräuchlich.

Daneben gibt es aber noch verschiedene Ausdrücke, die ebenfalls sehr illustrativ sind und innerhalb Niederbayerns eine regionale Verteilung aufweisen. Das Gebiet nördlich der Donau ist zweigeteilt: Nordwestlich (zum Beispiel Schwarzach, Perasdorf, Rabenstein) wird der Vorgang des Wetterleuchtens „himeauskhejn" („Himmelauskühlen") oder auch „himeauskhian" („Himmelauskehren") genannt. Südöstlich (zum Beispiel Waltersdorf, Außernzell, Neuschönau) hört man überwiegend „himeokhejn" („Himmelabkühlen"). Südlich der Donau sind wiederum zwei Gebiete mit unterschiedlichen Bezeichnungen abzugrenzen: Im nordwestlichen Bereich (zum Beispiel Peising, Pfeffenhausen, Mamming) sagt man neben „wedaleichtn" auch „hitzaus-

schlong“, weiter südöstlich (zum Beispiel Malgersdorf, Postmünster, Griesbach) ist „hitzhimatzn“ geläufig, wohl eine Spezifizierung zu „himatzn“, das in weiten Teilen Niederbayerns ebenfalls für „wetterleuchten“ gebraucht wird und das bereits im Mittelhochdeutschen „himellitzen“ hieß. Damals wie heute steht „himatzn“ aber auch für „blitzen“, vor allem im Gebiet des Bayerischen Waldes nördlich der Donau und westlich der Ilz.

Ist das Gewitter nahe genug, hört man schließlich auch den Donner. Standardsprachliches „donnern“ ist auch in der Mundart der gängige Ausdruck, hat hier jedoch unterschiedliche Lautvariationen ausgebildet. Neben „donnan“ hört man es auch „dorn“, „darn“, „doan“ oder „daan“ (mit dunklem a). „Donnern“ geht zurück auf mittelhochdeutsch „donren, dunren“, unter anderem gab es in dieser Zeit auch bereits die Nebenform „dorn“. Im nördlichen Niederbayern (zum Beispiel Arnbruck, Bodenmais, Prackenbach) sowie auch im Rottal donnert es nicht, sondern es „rummed“ oder „rumped“. „Rummen“ und „rumpen“ haben ebenfalls mittelhochdeutsche Wurzeln, „rummeln, rumelen“ und „rumpeln“ stehen bis heute auch für „lärmen, poltern“, was sich gut auf das Donnergeräusch übertragen ließ.

Wenn es blitzt und donnert, ist der Regen nicht mehr weit. Glück gehabt, wo es nur bei einem leichten Regen bleibt, also wenn es nur nieselt. „Nisln“ ist auch in der Mundart der geläufige Begriff für den feinen Regen. Wie dieser Ausdruck zu seiner heutigen Bedeutung kam, kann man nur mutmaßen: Mittelhochdeutsch „niselen“ meint „näseln, durch die Nase sprechen“, also eine Abschwächung des lauten Sprechens. Dementsprechend könnte man die Bedeutungsübertragung von „nieseln“ als abgeschwächte Form des starken Regens interpretieren. Lautliche Abweichungen vom mundartlichen „nisln“ sind „nesln“ hauptsächlich oberhalb der Donau im Norden und im Osten, und „nassln“ vor allem südlich der Donau. Weiter verbreitet ist der bildhafte Ausdruck „newereissn“, wobei ursprünglich nicht ein „Zerreißen“ des Nebels gemeint ist, denn „reissn“ kommt vom mittelhochdeutschen Verb „risen“, das in der lautgeschichtlichen Entwicklung zu „reisen“ wurde und „niederfallen“ bedeutet. Das zugehörige Substantiv „rise“ wird in den Wörterbüchern als „Art herabfallender Schleier“ gedeutet, was dem Vorgang des dichten feinen Regnens sehr nahe kommt. „Newen“ oder „nepen“ („nebeln“) ist ebenfalls eine Bezeichnung für den zwar unangenehmen, aber harmlosen leichten Niederschlag.

Gefürchtet ist dagegen der „Starkregen“. Wenn innerhalb von 5 Minuten mehr als 5 Liter Regen pro Quadratmeter fallen, spricht der Meteorologe von „Starkregen“ – ein Ausdruck, der erst seit einigen Jahren allgemein zu hören ist. In der Mundart wird dieser intensive Niederschlag zum Beispiel als „Schida“, „Duscha“ oder „Blescha“ umschrieben. „Guissn“ wird vor allem ganz im Westen Niederbayerns verwendet (zum Beispiel Essing, Pullach).

Schlimmere Auswirkungen als der „Starkregen“ kann mitunter der Hagel haben. Seit mittelhochdeutscher Zeit hat sich dieser Ausdruck nicht verändert. „Hageln“ ist im gesamten niederbayerischen Gebiet geläufig, genau wie „stoindln/stoandln“ (mittelhochdeutsch „steineln“). Aus mittelhochdeutschem „schuren, schiuren“ hat sich das mundartliche „scheian“ („scheuern“) entwickelt, das vor allem südlich der Donau für „hageln“ verwendet wird. In diesem Gebiet kennt man dafür auch „risln“ (mittelhocheutsch „riselen“). Östlich der Ilz findet sich ein recht kompaktes Areal, in dem sich „schran“ (mit hellem a) neben dem standardsprachlichen „hageln“ behauptet. Mittelhochdeutsch bedeutet die „Schra“ soviel wie Hagel. J.A. Schmeller führt in seinem Bayerischen Wörterbuch den Eintrag „schräen, schränen“ mit der Erklärung „hageln“ an. Und der Bauer, dessen Ernte gerade der Hagel zerschlagen hat, meint mit unerschütterlichem Optimismus: „Bessa a sechas Weda als wia goa koans!“

Geh, leck mi doch am Osch

Johann Wolfgang von Goethe hat der deutschen Sprache eine Vielzahl von Redensarten beschert, die die Jahrhunderte überdauert haben. Die meisten davon stammen aus dem „Faust“, wie zum Beispiel „Hier bin ich Mensch, hier darf ich's sein!“, „Das also war des Pudels Kern!“, „Da steh ich nun ich armer Tor, und bin so klug als wie zuvor!“, „Die Botschaft hör‘ ich, allein mir fehlt der Glaube!“, „Name ist Schall und Rauch“, „Die Erde hat mich wieder“, um nur einige zu nennen. Das bekannteste und am meisten verbreitete Zitat jedoch stammt nicht aus dem „Faust“, sondern aus dem Schauspiel „Götz von Berlichingen mit der eisernen Hand“, 1773 veröffentlicht und der historischen Gestalt des Gottfried von Berlichingen (1480-1562) nachempfunden.

Die literarische Figur des Götz liegt im Streit mit der staatlichen und kirchlichen Obrigkeit. Schließlich belagern die kaiserlichen Truppen seine Burg und fordern, dass er sich ergeben solle. Seine Reaktion wurde sprichwörtlich: „Mich ergeben! Auf Gnad und Ungnad! Mit wem redet ihr! Bin ich ein Räuber! Sag deinem Hauptmann: Vor Ihro Kaiserliche Majestät hab ich, wie immer, schuldigen Respekt. Er aber, sag's ihm, er kann mich am Arsche lecken!“

Dieser Ausspruch hat auch die Dialekte erobert. Im Bairischen wird er häufig bei Meinungsverschiedenheiten gebraucht, wenn man mit dem Gegenüber auf keinen gemeinsamen Nenner kommt und einem die Argumente ausgehen, so ist der Weisheit letzter Schluss: „Geh, leck mi doch am Osch!“ oder mit einer Präzisierung der Ausführung: „Du konnst mi kreizweis am Osch lecka!“ Im ersten Fall liegt die Betonung auf „leck“, erst im Nebenton auf „Osch“, im zweiten Beispiel liegt der Hauptton auf „kreizweis“, die Nebenbetonung auf „Osch“. Beide Male ist die Aufforderung an eine konkrete Person gerichtet. Gängig ist auch die leicht abweichende Form „Leck mi in/im Osch“, wobei es sich hier nicht um eine Variante der Ausführung, sondern um eine lautliche Variante handelt.

Derb ist der Ausspruch allemal, auch wenn er im Bairischen in weniger streitbaren Situationen gebraucht wird, etwa um Überraschung, Erstaunen auszudrücken: „Ja leck mi am Osch, so vej Leid!“ (Betonung auf „leck“) oder Bewunderung: „Der traut se, do leckst mi am Osch!“ (Betonung auf „do“ oder „leckst“) oder auch in einer brenzligen Situation, zum Beispiel im Straßenverkehr: „Mi leckst am Osch, is des knapp gwen!“ (Betonung auf „mi“). Diese Beispiele richten die Aufforderung oder Aussage nicht an ein konkretes Gegenüber, sondern kommentieren die jeweilige Situation, in der sich der Sprecher befindet oder die er beobachtet.

Weniger derb, aber dasselbe meinend, ist die Kurzform: „Mi leckst!“ (Betonung auf „mi“). Im Vergleich zum Götz-Zitat fast schon „neutral“ wirkt die noch kürzere Variante „Oh leck!“, die oftmals durch weniger drastische Ausrufe ersetzt werden kann wie zum Beispiel „Saksndi!“ oder „Oh mei!“.

Internationales Flair kommt bei dem bairischen Kraftausdruck ins Spiel, wenn er dem italienischen „O sole mio“ nachempfunden und mit scherzhaftem Unterton zu „Oh lecko mio!“ abgewandelt wird. Verwendung findet diese Form ebenfalls zum Ausdruck von Erstaunen, Überraschung etc.: „Oh lecko mio, geht's do hou oe!“, „Oh lecko mio, des doud/duad fei sakrisch guad!“

Auch ganz andere Gefühlszustände lassen sich durch das Götz-Zitat beschreiben: „Leck mi doch oisse am Osch!“ ruft der Pechvogel aus, der die Nerven verliert, weil alles schief geht, was er anfasst. „Lou di doch am Osch lecka!“ rät man einem, der durch zu viele Aufgaben überlastet ist und sich eine Auszeit gönnen sollte.

Daneben kann der Ausspruch auch zur Beschreibung einer Wesensart dienen, die oftmals dem Bayern allgemein, häufig allerdings speziell dem Waidler zugeschrieben wird. Georg Queri gibt in seinem Werk „Kraftbayrisch. Wörterbuch der erotischen und skatologischen Redensarten der Altbayern“ dafür ein sehr treffendes Beispiel „zur Kennzeichnung besonders stoffeliger und schweigsamer Menschen: Dea had koa Weaddl gsagd, need griasgood, need bfiagood, need läggmiamarsch." Dies drückt auch gewissermaßen den Gemütszustand der sprichwörtlichen bayerischen Gemütlichkeit aus, die jedoch in diesem Fall in außerordentlich hohem Maß vorhanden ist und mehr phlegmatischen Charakter hat. Eine Person, der alles wurscht ist, kann dann frei nach Götz von Berlichingen so umschrieben werden: „Du bisd fei a gscheida Leckmiamosch!"

Wie vielseitig das Götz-Zitat eingesetzt werden kann, zeigt sich auch mit seiner Verwendung als eine Art Maßeinheit. Ganz geringfügige Abweichungen von zum Beispiel der optimalen Länge eines Gegenstandes werden beschrieben mit „ Um's Oschlecka ist z'kuaz gwen". Meist wird dabei das „m" von „am" dem „O" von „Osch" („Leck mi am Osch") zugeschlagen, und so eine neue Lautvariante produziert: „Grod um's Moschlecka hods ned basst!"

Hunt samma scho!

Die Mehrzahlbildung der Substantive im Hochdeutschen ist vielfältig. Es kann eine Endung angehängt werden, zum Beispiel „-e“ bei „Stein – Steine“, „-er“ bei „Kind – Kinder“ oder „-n“ bei „Bohne – Bohnen“. Außerdem kann der Plural auch durch einen Umlaut kenntlich gemacht werden wie in „Apfel – Äpfel“. Daneben gibt es auch noch Sonderfälle, bei denen zum Beispiel Einzahl und Mehrzahl gleich lauten („Messer – Messer“) oder den Plural auf „-s“, der häufig bei Eigennamen („die Müllers“) und bei Fremdwörtern („CDs“) vorkommt. Eine weitere Variante der Mehrzahlbildung findet sich mit der Kombination aus angehängtem „-r“ und Umlaut, zum Beispiel bei „Buch – Bücher“ und „Wand – Wände“.

Die bairische Mundart zeigt sich nicht weniger variantenreich auf diesem Gebiet. Einige mundartliche Bildungsmöglichkeiten stimmen mit den standardsprachlichen überein; so zum Beispiel die Mehrzahl auf „-en“: „Hos – Hosn“ („Hase – Hasen“), wobei im Bairischen das „e“ der Endsilbe ausfällt; oder „Rob – Rom“ („Rabe – Raben“), auch hier fällt das „e“ aus und das „b“ verschmilzt mit dem Plural-„n“ zum „-m“ – „Assimilation“ nennt man dieses Phänomen in der Fachsprache; es kommt in der Mundart sehr häufig mit dieser Lautkonstellation vor, zum Beispiel „gem“ („geben“), „Grom“ („Graben“), „Lem“ („Leben“), „schteam“ („sterben“).
Doch zurück zur Mehrzahl: Wie im Hochdeutschen kann der Plural auch im Bairischen mit Hilfe eines Umlautes, der in der Mundart natürlich ein wenig anders klingt, gebildet werden: „Opfe – Epfe“, „Bruada – Briada“, „Klousta – Klejsta“.

Bemerkenswerter sind natürlich die Fälle, in denen sich Standardsprache und Mundart unterscheiden. Wird etwa im Hochdeutschen die Mehrzahl mit Umlaut und „-e“ am Wortende gebildet, fehlt im Bairischen diese Endung: „Maus – Mäuse“; „Maus/Maas – Meis/Määs“ oder „Sau – Säue“; „Sau/Saa – Sei/Sää“; „Sohn – Söhne“; „Suu – Sii“ (Doppelvokal soll hier lang gesprochene Laute ausdrücken). Standardsprachliche Mehrzahlformen, die auf „-en“ bzw. „-e“ enden, werden in der Mundart mit Umlaut gekennzeichnet:

„Dorn – Dornen“; „Doan – Dean“ oder mit einem dem Umlaut entsprechenden langen hellen „aa“: „Arm – Arme“; „Oam – Aam“ oder „Name – Namen“; „Naam – Naam“. Zum Teil kommt diese Variante auch in Kombination mit der Endung „-e“ vor, die mundartlich mit einem abgeschwächten „-a“ ausgedrückt wird: „Stein – Steine“; „Stoa – Stoina“ oder „Tor – Tore“; „Doa – Deara“.

Einige weibliche Substantive können in der bairischen Mehrzahl eine Endung mehr enthalten als im Hochdeutschen: „Schwester – Schwestern“; „Schwesta – Schwestana“ oder „Mutter – Mütter“; „Muada – Muadana“ oder „Suppe – Suppen“; „Supm – Supma“ oder „Natter – Nattern“; „Nodan – Nodana“.

Eine weitere Besonderheit der Mehrzahlbildung in der Mundart betrifft ebenfalls nur weibliche Substantive, wie hier in einem Beispiel aus dem Fundus von Mundarterzählungen von Prof. Reinhard Haller: „In da Mettnnacht, do hamand frejas de Beiaringa Gropfa bocha“. Diese Variante kommt auch in weiteren weiblichen Berufsbezeichnungen vor, zum Beispiel bei „Näherin – Näherin-nen“; „Nadarin – Nadaringa“.

„Wenn da Gneed Gsood gschnittn hod“ – in der Einzahl wird „Knecht“ im Bairischem mit langem Vokal gesprochen („Gneed“), in der Mehrzahl dagegen mit kurzem „e“ und dazu noch mit Reibelaut „ch“ („Gnecht“). Auch J.A. Schmeller merkt diesen Sonderfall in seinem Bairischen Wörterbuch an: „Knêd; Pl. Knecht“.

Während einige der bisher beschriebenen mundartlichen Formen der Mehrzahlbildung kaum mehr im täglichen Sprachgebrauch vorkommen, weil sie veraltet sind, hört man die folgende Variante nach wie vor: Die Rede ist von einsilbigen Substantiven, die im Hochdeutschen in der Einzahl sowie in der Mehrzahl mit kurzem Selbstlaut gesprochen werden; in der Mehrzahl wird ein Endungs-“e“ angehängt: „Tisch – Tische“, „Strick – Stricke“, „Wirt – Wirte“, „Hund – Hunde“, „Stich – Stiche“, „Griff – Griffe“. Im Bairischen wird die Pluralbildung anders gelöst; eine Endsilbe braucht es dazu nicht. In der Einzahl werden die genannten Hauptwörter mit Langvokal gesprochen, während dieser zum Ausdruck der Mehrzahl gekürzt und der Konsonant am Wortende „hart" gesprochen wird: „Diisch – Disch"; „Schdriig – Schdrik"; „Wiad – Wiat"; „Hund – Hunt"; „Schdii – Schdich"; „Griif – Griff". Passend zum Thema bestätigt sich auch im Hinblick auf die mundartliche Grammatik die bairische Selbsteinschätzung: „Hunt samma scho!"

I hon eh éha gsogt!

„Ja" ist die minimale positive Antwort auf eine Entscheidungsfrage. Die Frage „Brauchst du Geld?" lässt eine eindeutige Antwort zu: „Ja" (neben „Nein"). Anders, wenn die Frage eine Verneinung enthält: „Brauchst du kein Geld?", hier kann die Antwort „Ja" unterschiedliche Informationen implizieren: „Ja, ich brauche Geld" oder „Ja, ich brauche kein Geld". Um eine klare Aussage tätigen zu können, greift das Standarddeutsche zu einem anderen Lexem: „Doch" ist die Antwort, die bedeutet „Ja, ich brauche Geld".
Der bairische Mundartsprecher variiert hier lediglich lautlich. Auf die Frage „Brauchst du eh koa Gejd?" ist „Jo" die einzige mögliche positive Antwort. Gilt es einer Behauptung zu widersprechen, die eine Negation enthält, steht dem Mundartsprecher eine weitere, bekräftigende Abwandlung von „Ja" zur Verfügung: „Du bringst des ned zam." „Ójo", mit Betonung des ersten „o" (offen gesprochen wie das „o" in „owa"), dient dem eher wortkargen Sprecher als prägnante Antwort, wenn er sich eine wortreichere Erwiderung wie „Frale bring is des zam, wos moinst denn du!" sparen will.
Während „Jo" in der Bedeutung „doch" im Bayerischen Wörterbuch" von J.A. Schmeller und auch in Ludwig Zehetners „Bayerischem Deutsch" verzeichnet ist, haben wir hier für „Ójo" eine Fehlanzeige, ebenso für eine weitere Variante von „Ja", nämlich „Íja" (Betonung des langen „i"). Wie „Ójo" ist auch „Íja" nur in bestimmten Situationen bzw. Kontexten gebräuchlich. Es drückt die überraschende Erkenntnis zum Beispiel eines Sachverhaltes oder einer Erscheinung aus, auf die man durch eine andere Person hingewiesen wird und von der man eventuell vorher nicht ganz überzeugt war. „Schmeck amoi, wej guad dass des schmeckt!" Ist man der Aufforderung nachgekommen, reicht ein „Íja!", um den Eindruck des Sprechers zu bestätigen. „Ejtz schau her, dassdas sejwa segst!" Nachdem man einen Blick gewagt hat, signalisiert „Íja!" dass man nun von der in Frage stehenden Tatsache überzeugt ist oder gar eines Besseren belehrt wurde.

„Íja" kommt in der bairischen Mundart jedoch nicht nur in dieser speziellen Funktion vor. In regionaler Begrenzung auf den Südosten Niederbayerns findet es als einfache positive Antwort auf Entscheidungsfragen Verwendung.

„Is's sche gwen im Urlaub?" „Íja" Auch hier liegt der Akzent auf dem langen „i" und die Antwort heißt soviel wie „Ja, sche is's gwen". Eine ganz andere Aussagekraft hat die Antwort, wenn man Akzent und Vokallänge verlagert: „Ijá" (Betonung auf dem langen „a") ist nicht als durchaus positive Bewertung der Urlaubserlebnisse zu deuten, sondern entspricht einem relativierenden „geht scho".

Dieselbe Frage lässt sich auch mit deutlich weniger lautlichem Engagement mit „Mhm" positiv beantworten, aber auch negativ mit „M-m" oder „N-n", was das geläufige „Nã" ersetzt und bei Schmeller als „faules Nein" charakterisiert wird.

Zum bekräftigenden „Ójo" gibt es in der Mundart ein negierendes Pendant, nämlich „Ónã" (Betonung des „o", Nasalierung des „a"). Es ist als Steigerung des einfachen „Nã" zu verstehen und kann eingesetzt werden, wenn etwa ein Vorwurf bereits zum wiederholten Mal verneint wird: „Streits ned ō, du bisd schuid!" „Ónã!".

Dem verbreiteten Klischee des Bayerwäldlers als mundfaulen, einsilbigen Zeitgenossen spielen auch folgende mundartliche Besonderheiten in die Hände. Zum einen das fragende „Hã?" (nasaliertes „a"), das dem standardsprachlichen „Wie bitte?" gleichkommt und eingesetzt wird, wenn eine Äußerung akustisch nicht verstanden worden ist; in der Langform hieße es „Wos hosd gsogt?". Außerdem kann „Hã?" auch im Nachgang einer Frage Unverständnis für eine Verhaltensweise des Angesprochenen signalisieren: „Dassd ejtz du ned staad sã konnst, hã?", „Spinnst du, hã?".
Zum anderen der Ausruf „Éha!" (Betonung auf dem „e", helles „a"), der bei J.A. Schmeller lediglich als Zuruf für Tiere, bei Ludwig Zehetner daneben auch als Ausdruck der Verwunderung aufgeführt ist. „Éha, glei so vej!". Fast sprichwörtlichen Status hat „Éha" in der folgenden Situation, in der es als Kurzformel für eine Entschuldigung fungiert: Der Einheimische rempelt eine Urlauberin versehentlich an und sagt im Weitergehen „Éha!", woraufhin sie ihn empört zur Rede stellt: „Sagen Sie, können Sie sich nicht entschuldigen?". Die verständnislose Antwort: „I hon eh éha gsogt!".

Hätt i an Dampes vo dem bissei Kerschgeist?

„Trinkma no a Maßal“ (mit hellem a) – ist damit ein „kleines Bier“ gemeint? Nein, damit wäre der Bierzeltbesucher, der diesen Vorschlag macht, sicherlich nicht zufrieden. Was es mit den Mengenverhältnissen bei „Maß“ und „Maßal“ auf sich hat, hat der Dialektologe Prof. Anthony Rowley seinen Zuhörern beim Drumherum in Regen erklärt: Nicht alles, was im Bairischen von der grammatischen Form her eine Verkleinerung ist, muss tatsächlich auch von der Menge oder von der Masse her weniger sein. Ob nun der Bierzeltbesucher in geselliger Runde vorschlägt „Trinkma no a Maß“ oder „Trinkma no a Maßal“ – er meint damit immer einen Liter. Die Verkleinerung ist in diesem Falle nicht der erwarteten Biermenge geschuldet, sondern entspringt eher der Einstellung des Sprechers: situationsbedingt wird die Alkoholmenge bzw. auch deren Wirkung verharmlost, „verniedlicht“.

Es gibt im Bairischen noch mehr Beispiele, die grammatisch eine Verkleinerung darstellen, bedeutungsmäßig aber die „Normalform“ sind: „Biachl/Bejchl“ ist die allgemeine Bezeichnung für ein Buch, „Buitl/Bejtl“ für ein Bild, auch das „Ral“ ist ein Fahrrad jedweder Größe und nicht unbedingt ein kleines. Vielschichtig wie die Mundart nun einmal ist, bietet sie sozusagen auch noch eine Verkleinerung von der Verkleinerung: haben wir ein wirklich kleines Buch oder Bild vor uns, wird dies mit „-al“ ausgedrückt: „Biachal/Bejchal“, „Buital/Bejtal“. Da beim „Ral“ die Silbe „-al“ unmittelbar an den Vokal angehängt werden müsste und dies schwierig zu artikulieren wäre, fehlt hier die zweite Verkleinerungsstufe.
Die Tücken der Aussprache werden auch bei Substantiven, die im Bairischen auf „-n“ enden, umgangen. Um keine Zungenbrecher zu produzieren, wird beispielsweise bei „Pfann, Kann, Rein, Birn (in der Bedeutung ‚Glühbirne')“ vor dem Verkleinerungsmerkmal „-l“ ein sogenannter Sprosskonsonant, nämlich ein „-d“ eingefügt. Mundartlich spricht es sich dann leichter: „Pfanndl, Kanndl, Reindl, Birndl“.

Ein besonderes Verhältnis von Normalform und Verkleinerung liegt bei „Glas“ und „Gläslein“ vor. Im Bairischen hat sich hier ein Bedeutungsunterschied entwickelt: „Glasl“ ist die Normalform für das Trinkgefäß, „Glasal“ bezeichnet ein kleineres Exemplar, „Glos“ dagegen meint das Material.

Einzahl und Mehrzahl der Verkleinerungen unterscheiden sich im Hochdeutschen nicht, in der bairischen Mundart ist eine Unterscheidung zwar möglich, zum Beispiel „Wagal – Wagala“, „Adal – Adala“, oder auch „Fassl – Fassln“, ist aber doch eher ungebräuchlich.

Nicht nur Substantive, sondern auch Verben können „verkleinert“ werden. „-eln“ in „kränkeln, tröpfeln“ (mundartlich „grankln, trepfen/trepfain“) ist ohne Weiteres als Verkleinerungssilbe aufzufassen, denn es drückt einen geringeren Grad des Krankseins bzw. des Tropfens aus. Für viele mundartliche Beispiele gibt es jedoch keine dudentaugliche Entsprechung wie „kränkeln“. „rengain, schnaiwaln, broudln, sailn/säln“ erfordern im Hochdeutschen eine ausführlichere Umschreibung: „leicht regnen, leicht schneien, einer festen oder flüssigen Nahrung ein wenig zusprechen, säuerlich riechen“.

Auch bei der Verkleinerung der Substantive gibt es Unterschiede zwischen dem Hochdeutschen und der Mundart: Während man im Hochdeutschen Verkleinerung durch „-chen“ und „-lein“ ausdrückt, ist dies im Bairischen fast ausschließlich auf „-lein“ beschränkt, welches sich von mittelhochdeutsch „-elîn“ bzw. „-lîn“ herleitet. Was die mundartlichen Varianten betrifft, ist Bayern zweigeteilt: in der westlichen Hälfte überwiegen die Formen mit der Endung „-la“ (zum Beispiel Huntla), in der östlichen Hälfte, also auch in unserem mittelbairischen Sprachgebiet, solche mit „-(a)l“ (zum Beispiel Huntal). Und diese lassen sich wiederum unterteilen. Der Mundartsprecher hat zum Beispiel beim Substantiv „Stück“ die Auswahl zwischen folgenden Verkleinerungsformen:
- l: Schtikl
- e: Schtike
- al: Schtikal
- ai: Schtikai

Bei „Schtike“ und „Schtikai“ ist das „-l“ der Verkleinerungssilbe zu einem Vokal geworden. „Schtike, Breke, Haife, Schtiwe“ (Stücklein, Bröcklein, Häuflein, Stüblein) sind neben den l-haltigen Varianten „Schtik(a)l, Brek(a)l, Haifal, Stiwal“ überall in Niederbayern zu hören. Das lautlich recht auffällige „-ai“ dagegen ist kleinräumiger vertreten: Auf niederbayerischem Gebiet hat es hauptsächlich der äußerste Südosten (zum Beispiel Mauth, Alt-/Neureichenau, Breitenberg, Wegscheid), aber auch weiter nördlich (zum Beispiel Drachselsried, Bodenmais, Lindberg) spricht man noch vom „Schtiwai, Wagai oder Mandai“ (Stüblein, Wägelein, Männlein). Betrachtet man Gesamtbayern, so findet man dieses Merkmal nur noch im Süden und Südosten Oberbayerns. Auch der Brandner Kaspar, der am Tegernsee beheimatet ist, wundert sich, als sich der Boandlkramer mit Sturm und Donner ankündigt: „A Weda aus klarem Himmel? – Hätt i an Dampes vo dem bissei Kerschgeist?“ Kurze Zeit später, als er mit dem Tod um sein irdisches Dasein verhandelt, schlägt er vor: „Woaßt wos: Machma a Gspielei drum!“

Obwohl die Endung auf „-ai“ mittlerweile fast nur noch von Vertretern der älteren Generation benutzt wird und großräumig langsam in Vergessenheit zu geraten scheint, hat sie gute Chancen, doch wenigstens punktuell erhalten zu bleiben. So gibt es vor allem im Bayerischen Wald Orte, in denen manche männliche Bewohner nicht nur im Kindesalter, sondern bis ins fortgeschrittene Mannesalter auf den Rufnamen „Hansai, Giagai, Seppai“ hören. Auch in Hausnamen, deren Tradition sich ohne Unterbrechung durch viele Jahrzehnte fortsetzt, wird diese Verkleinerungssilbe gepflegt. Erwähnt man zum Beispiel in Bodenmais den „Hackai“ oder den „Bechai“, so weiß jeder, wer gemeint ist. Hier besteht allerdings keine Wahlmöglichkeit zwischen den oben genannten Varianten. Der „Hackai“ fühlt sich nur als „Hackai“ angesprochen, nicht etwa als „Hackl“, „Hacke“ oder „Hackal“.
Zudem findet die eingangs erwähnte These von Prof. Rowley hier – sozusagen im wirklichen Leben – ihre Bestätigung: Die grammatische Form entspricht nicht immer den realen Gegebenheiten.

Der kamad ma grod recht!

„Do daadamaraa schdinga“ und „Do daadadaraa dadian“ – das sind die Paradebeispiele für den Gebrauch des bairischen Konjunktivs, der Möglichkeitsform, vor allem wohl deshalb, weil sie sich aufgrund der ähnlich klingenden Lautfolge für den Nicht-Mundartkundigen recht kurios und exotisch anhören.
Die grammatische Form des Konjunktivs umfasst ein breites Ausdrucksspektrum. Grundsätzlich unterscheidet man zwei verschiedene Varianten, nämlich Konjunktiv I und Konjunktiv II. Der Konjunktiv I wird im Schriftdeutschen hauptsächlich in der „indirekten Rede“ verwendet: „Er sagte, er gehe ins Kino“. Aus dem gesprochenen Hochdeutsch ist diese Form jedoch so gut wie verschwunden und wird ersetzt durch „Er hat gesagt, dass er ins Kino geht“. Auch in der bairischen Mundart umschreibt man den Sachverhalt mit „Er hod gsogt, dass a ins Kino ged“ oder „Er hod gsogt, er ged ins Kino“. Nur in wenigen festen Redewendungen ist der Konjunktiv I erhalten, zum Beispiel in „Gottseidang“ (Gott sei Dank), „Hejf (da) God“ – zu einem Niesenden – (Helfe dir Gott), auch in der Erwiderung darauf, nämlich „(Ver)gejts God“ (Vergelte es dir Gott) und „Sengs God“ (Segne es Gott), ebenso auch in Grußformeln wie „Pfiatigod“ (Behüte dich Gott).

Für den Konjunktiv II sieht es im gesprochenen Hochdeutsch ähnlich aus: „Wenn ich ein Buch hätte, läse ich es“ ist ungebräuchlich und klingt veraltet, es wird ersetzt durch die zweigliedrige Konstruktion „... würde ich es lesen“. Dem Bairisch-Sprecher dagegen stehen hier zwei Varianten zur Verfügung, nämlich die Einwortvariante, die aus dem Stamm des Verbs „les-“ und der Endung „-ad“ gebildet wird, also „Wenn i a Bejchl/Biachl hejd, lesad i's“, oder der zweigliedrige Ausdruck, der aus der Grundform „lesn“ und dem Hilfsverb „tun“ in der Möglichkeitsform „daad“ gebildet wird: „...daad i's lesn“. Manche Verben bieten im Bairischen sogar vier Formen, um den Konjunktiv auszudrücken, hier nur einige Beispiele:
„Wenn s'Gejd av da Schdraß lag (mit hellem a)“ oder „...lagad“ oder „...liegad“ oder „.. liegn daad“; „Wenn i no grod mei Brejn wieda fandd“ oder „... fanddad“ oder „...finddad“ oder „...findn daad“; „i gang“ oder „i gangad“

oder „i gead“ oder „i daad ge“; „i gab“ oder „i gawad“ oder „i gewad“ oder „i daad gem; „i wua“ oder „i wuarad“ oder „i wearad“ oder „i daad wean“; „i liass/lejt“ oder „i liassad/lejssad“ oder „i lossad“ oder „i daad lossn“.

Bei dieser Vielfalt der Ausdrucksmöglichkeiten kann es schon einmal passieren, dass man ein wenig durcheinander kommt, wie zum Beispiel der Boandlkramer in der Geschichte vom Brandner Kaspar, als Petrus ihn zur Rede stellt, weil er den Brandner nicht zeitgerecht ins Jenseits geholt hat: „I bin zu ihm in d'Hüttn und hab'n ersucht, ob er freiwillig mitkumad – kamad – gehad.“ Der Brandner jedoch, nicht gewillt, aus dem irdischen Leben abzutreten, kann den Boandlkramer mit Hilfe von Kirschgeist (und Konjunktiv) überlisten: „G'scheiter als die Rederei da waar, wennst mittrinkadst. Elendig und sper wie'st bist, daad dir a Glasl guad.“ „I sollt – du moanst – i deafad?“, erwidert der Boandlkramer mit einem Blick nach oben. „I woaß nur grad ned ganz genau, ob des gern gsehng wuarad. – Schmecka daad a, scheint ma, guad.“ Diese Szene bringt einerseits die Schlitzohrigkeit des Brandner zum Ausdruck, der mittels der Möglichkeitsform seine List als gut gemeintes Angebot verpackt, andererseits spiegelt der Gebrauch des Konjunktivs durch den Boandlkramer dessen Unsicherheit, aber auch die schließlich siegenden Gelüste.

Natürlich findet der bairische Konjunktiv auch außerhalb der Literatur in den verschiedensten Situationen seine Verwendung, so zum Beispiel wenn ein Wunsch geäußert wird, der unter Umständen erfüllt werden kann: „Wenn a hoid endli amoi hoamkam (kamad, kemad, kema dad)!“. Der Konjunktiv kommt auch beim einem Wunsch zur Anwendung, der sich definitiv nicht verwirklichen lässt (außer er stammt aus Kindermund): „Wenn i grod a weng grejssa waar!“. Herrscht im Bierzelt Platzmangel, so wird die Anfrage „Kanntads es (ihr) a bissl zammrucka?“ als höfliche Aufforderung verstanden und sicherlich den gewünschten Erfolg haben. Ein gewisser Grad an Unsicherheit kann ebenfalls mit der Möglichkeitsform ausgedrückt werden. Auf die Frage „Fohrt da Bus um zehne?“ lautet die Antwort „I moinad scho“, wenn der Gefragte die genaue Abfahrtszeit nicht sicher oder eventuell gar nicht kennt. Als eindeutige Ablehnung auf ein unpassendes Angebot reicht ein „Mia gangst!“.

Verärgerung schwingt mit in Ausrufen wie „Ja du waarst sauwa!“ oder „Der kamad ma grod recht!“. Als ein Zeichen der Missbilligung ist auch die folgende Aussage zu werten, die Josef Fendl einer kranken Waidlerin in den Mund legt, als im Winter der Doktor nach ihr geschaut hat: „Daad a sich seine koitn Finga an meim Bauch aufwarma und volangad amend aa no a Gejd dafür!“

Wie groß der Spielraum für den Gebrauch der Möglichkeitsform in der Mundart ist, zeigt ihre Verwendung zum Ausdruck von Zurückhaltung und Bescheidenheit. „I waar da Elektriker“ lautet die Begrüßung seitens des Handwerkers, der gerufen worden ist und der zumindest selber sicher sein sollte, dass er tatsächlich der Elektriker „ist“. Bei der Bestellung im Gasthaus weiß man zwar, was man haben möchte, freundlicher und zurückhaltender klingt jedoch die Möglichkeitsform „I griagad a Hoiwe Bier“ und auch „Mia daadma nochand zoin“ ist allemal höflicher als den Kellner mit einem scharfen „Zoin!“ herzuzitieren.

„I bin gschickt“ und „I waar gschickt“ unterscheiden sich durch den fordernden Unterton, der in der konjunktivischen Ausdrucksweise fehlt. Im ersten Fall könnte man ergänzen: „...und ihr? Jetzt muss ich auf euch warten“, im zweiten Satz schwingt mit „aber ich warte schon noch auf euch“.

Der mundartliche Konjunktiv ist fester und natürlicher Bestandteil jeglicher Kommunikation, dem aufmerksamen Zuhörer begegnet er sowohl in selbst geführten Unterhaltungen als auch in zufällig wahrgenommenen Gesprächen auf Schritt und Tritt. Dass sich der Bairisch-Sprecher nicht nur des häufigen Gebrauchs, sondern auch der oftmals auffälligen Lautvariationen bewusst ist, zeigt sich in einer Redewendung, die vor allem bei länger anhaltendem schlechtem Wetter gebraucht und in der beides auf die Spitze getrieben wird:

„Wenn's no grod rang, dass da Dreg schbratz
und schnib, dass's Schuihaus z'rass!"

Mei Nosn is scho ganz sichte

Im Vergleich zu früheren Zeiten ist man heute mit funktioneller Kleidung gut gegen eisige Temperaturen im Freien gerüstet. Da kommt es nicht mehr so häufig vor, dass man dieses äußerst unangenehme, schmerzhafte Kribbeln an den Fingerkuppen verspürt, wenn man aus der Kälte in die warme Stube kommt und so die Durchblutung wieder in Gang gebracht wird. Im niederbayerischen Raum wird diese Missempfindung meist mit „negln" zum Ausdruck gebracht, im nordwestlichen Teil (zum Beispiel Drachselsried, Klinglbach, Perkam, Pullach) wird noch eine Vorsilbe zugegeben: „onegln" („annägeln"). Im Südosten nördlich der Donau gibt es unterschiedliche kleinräumige Varianten, nämlich zum einen „uanigln" und „duanigln" (zum Beispiel Mitterfirmiansreut, Karlsbach, Breitenberg), zum anderen auch „uarigln" (zum Beispiel Thalberg, Wegscheid, Untergriesbach). Sprachhistorisch herrscht Uneinigkeit, auf welche frühere Form diese Ausdrücke zurückgehen. Zur Diskussion steht mittelhochdeutsch „nagelen" („nageln"), J.A. Schmeller verweist aber auch auf den Zusammenhang mit dem oberdeutschen Verb „hornigeln", das in der Bedeutung „vor Kälte prickeln" verwendet wird und auf die Bezeichnung „Hornung" für den Monat Februar zurückgeht.

Weniger winterliche Temperaturen lassen die Fingerspitzen ungefährdet, eine Gänsehaut dagegen können auch Feuchtigkeit und Nebel bewirken. In Niederbayern wie auch im restlichen Bayern ist die „Genshaut" (in Oberbayern auch „Ganshaut") geläufig. Lediglich nördlich der Donau, außer ganz im Südosten, überwiegt klar die „Henahaut".Darüber hinaus kennt man die „Henahaut" tatsächlich nur noch ganz kleinräumig im südlichen Oberbayern. „Genshaut“ und „Henahaut“ bezeichnen beide die Ähnlichkeit der Hautbeschaffenheit beim Frösteln mit der des gerupften Federviehs. Oft sind sie die Vorboten einer handfesten Erkältung mit allem, was dazu gehört: Niesen, Husten, Schnupfen.

Was im Hochdeutschen der Schnupfen ist, ist in der bairischen Mundart der Katarrh, die Strauche, die Schneizen oder die Rotzen. „Da Khatar/da Khada“ mit Betonung auf der zweiten Silbe ist in ganz Niederbayern, darüber hinaus auch in Oberbayern und Franken gebräuchlich. Die Bezeichnung leitet sich vom lateinischen „Catarrhus“ her, und das wiederum vom griechischen „Katarrhous“. Die Strauche meint laut Bayerischem Wörterbuch von J.A. Schmeller „bey gemeinen Leuten das, was bey Vornehmen der Schnupfen oder auch der Katarrh“ ist. Bei Schmeller gibt es ein weiteres Beispiel, dass die Ausdrücke für das Phänomen Schnupfen im früheren dialektalen Gebrauch soziologisch geschichtet waren: „Gnä-Frau, I hab an Katarrh, klagt die Magd, worauf jene sagt: Was, du Bauerntrumpf, du willst gar den Katarrh haben, dass etwa die Huasten und die Strauchen nicht guat genug ist für dich!“ Die Strauche geht zurück auf mittelhochdeutsch „Struche“. Bis auf ganz wenige Ausnahmen wird die Strauche nur nördlich der Donau im Bayerischen Wald verwendet und auch hier gibt es Unterschiede in der Aussprache. Im nördlichen Teil dieses Gebietes, zum Beispiel Arnbruck, Achslach, Bischofsmais, ist es die „Schtraka“, weiter südöstlich, zum Beispiel Ringelai, Kumreut, Wegscheid die „Schtraucha“. Außerhalb Niederbayerns kennt man die Strauche auch in Teilen Oberbayerns und Frankens. Vom mittelhochdeutschen Wort „sniuzen“ leitet sich die „Schneizn“ her, was als Bezeichnung für den Schnupfen wie die Strauche nördlich der Donau gebräuchlich ist. Die „Rotzn“ (von mittelhochdeutsch „roz“ für „Schleim“) kommt, wenngleich nicht sehr häufig, im Nordosten Niederbayerns vor und nur ganz vereinzelt südlich der Donau.

Mehr als eine laufende Nase, nämlich die ganze Palette der grippeartigen Symptome wird mit der mundartlichen Bezeichnung „Sucht“ ausgedrückt. Bereits im Mittelhochdeutschen meinte „Suht“ allgemein „Krankheit“. In der bairischen Mundart ist die Bedeutung von „Sucht“ nun etwas spezieller für „Grippe“ und, von wenigen Ausnahmen abgesehen, in Niederbayern ausschließlich nördlich der Donau zu finden, ansonsten nur noch in einem kleinen Gebiet im südlichen Oberbayern. Von „Sucht“ leitet sich übrigens auch das mundartliche Adjektiv „süchtig“ her, das soviel bedeutet wie „schmerzhaft entzündet“: „Mei Nosn is scho ganz sichte vo lautan Schneizn“.

Wer die Sucht hat, leidet meist auch unter Husten (mittelhochdeutsch „huoste“). Im Unterschied zum Hochdeutschen ist der Husten in der bairischen Mundart in der Regel weiblich, auf niederbayerischem Gebiet gibt es nur südlich der Donau vereinzelt „an Houstn“ oder „an Huastn“. Nördlich der Donau und hier wiederum im nördlichen Teil hat man „Thoustn“, also „die Husten“, im restlichen Niederbayern „Thuastn“, ebenfalls „die Husten“. Eine Ausnahme bildet das Gebiet östlich der Ilz (zum Beispiel Finsterau, Ringelai, Breitenberg, Wegscheid), hier ist „Thuast“ gebräuchlich, also auch „die Husten“, aber ohne Endsilbe. Die Variante „Thuasn“ ohne „-t-“ findet man fast ausschließlich im Rottal.

Zur Sucht gehört auch das Niesen. In Niederbayern wird es üblicherweise mit „reißen“ bezeichnet, im Bayerischen Wald an der Grenze zur Oberpfalz gibt es dazu die Lautvariante „räßn“. „Reißen“ geht zurück auf mittelhochdeutsch „rizen“ und hat wohl durch die Bezeichnung einer schnellen Bewegung („an etwas reißen“) eine Bedeutungsübertragung auf „niesen“ erfahren. Warum das „Reißen“ jedoch außer in einem Streifen des angrenzenden Oberbayerns ausschließlich in Niederbayern bekannt und im restlichen Bayern ungebräuchlich ist, ist nicht zu erklären.

Natürlich kennt man überall auch die mundartlichen Lautvarianten von „niesen“, nämlich entweder als „niaßn“ oder als „nejßn“. Dabei findet man im nordöstlichen Niederbayern und in der östlichen Oberpfalz auch noch die Sonderform „nejßtn“, die sich lautgeschichtlich auch nicht befriedigend erklären lässt.

Das Niesen hat zumeist einen Effekt, der den Einsatz eines Taschentuchs erforderlich macht. Man braucht dann ein „Sogdiachl/Sogdejchl“ oder ein

„Schneizdiachl/Schneizdejchl". Bei der einen Variante bezeichnet das Bestimmungswort den Aufbewahrungsort, nämlich den Hosensack, bei der anderen den Verwendungszweck, das Schneuzen. Beide sind im Gegensatz zum Hochdeutschen mit der Verkleinerungsform von „Tuch" verbunden, oder im Falle von „Schneizhodan" mit dem mundartlichen Ausdruck „Hadern", den es auch schon im Mittelhochdeutschen („hader") in der Bedeutung „Lumpen, Lappen" gibt. Alle Varianten sind in ganz Niederbayern gebräuchlich, „Sogdiachl/Sogdejchl" aber vermehrt nördlich der Donau und „Schneizdiachl/Schneizdejchl" mehr südlich der Donau.

Bei manchen Vertretern des männlichen Geschlechts erübrigen sich jedoch alle Erklärungen zum Thema Taschentuch, denn sie beherrschen eine Technik des Schneuzens, bei der auf den Einsatz von Hilfsmitteln wie einem „Sogdiachl" gänzlich verzichtet wird.

Hoeßn doud a Binta, und wej schreibt a se?

„Da Kare“ und „da Luke“ sind, wenngleich ihre Wurzeln in der Münchner Vorstadt liegen, seit Jahrzehnten in ganz Bayern bekannte Witzfiguren. Auch in Niederbayern nennt man die beiden „Kare“ und „Luke“, aber nur im Rahmen von Witzen. Im „normalen“ Sprachgebrauch sind leicht abweichende mundartliche Varianten für die beiden Vornamen gebräuchlich, „Koal“ bzw. die Verkleinerungsform „Ka(r)le“ stehen für „Karl“. Bei dem zweisilbigen „Ludwig“ tun sich auch zwei Möglichkeiten in der Mundart auf: „Luk“ und „Wik“, dazu die Verkleinerungsformen „Luwal“ und „Wickal“. Überhaupt gibt es in der Mundart eine recht große Ausdrucksvielfalt, was Vornamen anbelangt. Der „Josef“ zum Beispiel wird „Sepp“ oder „Bepp“ gerufen, der „Xaver“ „Xav“, „Xare“ oder „Xurl“, der „Georg“ „Giagl“, „Schos“ oder „Schorsch“. Dasselbe gilt natürlich auch bei Frauennamen wie etwa „Maria“, welche häufig „Mare“, „Maral“ oder „Mal“ genannt wird.

Namen dienen in erster Linie dazu, Personen voneinander zu unterscheiden. Im deutschsprachigen Raum herrschte bis zum 12. Jahrhundert das Prinzip der Einnamigkeit, das heißt zur Benennung von Personen wurden Vornamen verwendet. Einzige Ausnahme waren Beinamen wie etwa „Karl der Große“, „Ludwig der Fromme“. Zur Unterscheidung zweier Gleichbenannter bildeten sich vor allem in der gesprochenen Sprache mundartliche Lautvarianten aus. Im Laufe der Jahrhunderte nahm jedoch die Bevölkerungszahl drastisch zu, so dass bald die Unterscheidung mit nur einem Rufnamen nicht mehr ausreichte. Außerdem wurde durch die gestiegene Bevölkerungszahl eine Verwaltung notwendig. Um zum Beispiel Rechtsangelegenheiten klären, Steuern und Abgaben erheben zu können, mussten die betroffenen Personen eindeutig zu identifizieren sein. Aus diesem Grund entwickelte sich das Prinzip der Zweinamigkeit: Zum Vornamen trat ein Familienname. Für die Bildung von Familiennamen stand eine große Auswahl an Möglichkeiten zur Verfügung: Berufsbezeichnungen (zum Beispiel Wagner, Rechenmacher, Ölschläger), äußerliches Erscheinungsbild (zum Beispiel Rotkopf, Kurz) oder Herkunft (zum Beispiel Passauer, Kirchberger). In anderen Sprach- und Kultursystemen ist darüber hinaus noch die Bezeichnung der Abstammung üblich, im Arabischen etwa wird auch der Name des Vaters angegeben, teilweise sogar die Namen der Vorfahren über mehrere Generationen zurück. Aus den Abenteuerromanen von Karl May stammt das wohl bekannteste Beispiel dieser Art: „Hadschi Halef Omar Ben Hadschi Abul Abbas Ibn Hadschi Dawuhd al Gossarah", kurz „Hadschi Halef Omar". Der lange Name bezeichnet außer der aktuellen Person „Halef Omar" auch dessen Vater „Abul Abbas" und seinen Großvater „Dawuhd al Gossarah". „Ben" und „Ibn" drücken das Verwandtschaftsverhältnis aus („Sohn von"), „Hadschi" die Tatsache, dass alle drei bereits die Pilgerfahrt, den „Hadsch" nach Mekka hinter sich gebracht haben.

In der bayerischen Mundart gibt es ähnliche Erscheinungen. Absolvierte Wallfahrten gehen zwar hier nicht in die Namensgebung ein, diese greift jedoch zum Teil auch auf ein, zwei Generationen zurück. So ist etwa mit dem „Säl-Seppn-Ewald" der Sohn des Josef Seidl namens Ewald gemeint, mit der „Brem-Jagl-Rosa" die Tochter des Jakob Brem namens Rosa, mit dem „Bindter-Girgl-Sepp" der Sohn des Bindter Georg namens Josef. Neben der Kombination von Nachname und Vornamen wurden diese Abstammungsreihen auch mit einer Kombination nur von Vornamen gebildet: Die „Maxn-Girgl-Marl" ist Maria, die Tochter von Georg und die Enkelin von Max. Noch eine weitere Generation wird angehängt bei den „Maxn-Girgl-Maxn-Buben", von denen übrigens wiederum einer „Max" hieß (alle Beispiele aus dem Fundus der Veröffentlichungen von Prof. Reinhard Haller, Bodenmais).

Der erste Bestandteil solcher Reihungen fungiert häufig als Hausname. Hausnamen können zum Beispiel Vornamen oder Berufsbezeichnungen oder auch eine Kombination aus beiden sein und haben mit dem offiziellen Familiennamen nichts zu tun. Der Status von Hausnamen ist vor allem im ländlichen Bereich ungebrochen, nicht selten hört man die Frage: „Hoeßn doud a Binta, und wej schreibt a se?"

An der Bildung von Schimpf- und Spottnamen sind Rufnamen ebenfalls häufig beteiligt, wie etwa beim „Hanswurst", im Bayerischen Wörterbuch von J.A. Schmeller als „spaßhafter Mensch" definiert, oder auch beim „Streithansl“. Bei der „neugierigen Eva“ wurde der Name wohl im Hinblick auf die Vorfälle im Paradiesgarten ausgewählt. „Ratschkathl“ wird eine schwatzhafte Person genannt, die Neuigkeiten unaufgefordert weiterverbreitet, wobei im Schmeller'schen Wörterbuch allein schon der Taufname „Katharina“ als „scherzhaftes Appellativ für eine plauderhafte Person beyder (!) Geschlechter“ bezeichnet wird.

In Spottversen, vor allem aus Kindermund“, wurde in früheren Zeiten fast jeder Vorname bedacht, hier nur ein Beispiel für „Simon“:
„Da Simmerl
hod am Oasch a Wimmal,
hod am Bauch a Watzn,
kon a d'Leit recht tratzn!“

Auf das überaus häufige Vorkommen des Namens „Josef“ spielt der folgende Reim an:
„Sepp, Sepp, sogs an Sepp,
dass's da Sepp an Seppn sogt,
dass da Sepp a Hoiz eintrogt!“

Da Arber is gspitzad, am Bodn is a broat

Die Vorsilbe „ge-" findet sowohl im Hochdeutschen als auch in der Mundart vielfältige Verwendung: Sie ist unter anderem an der Bildung von Substantiven (Gesang, Gebell, Gehäuse), Adjektiven (geheim, getrost) und Verbformen beteiligt, wie bei der Bildung des Partizips Perfekt (gesagt, gebellt, gepfiffen). Je nach Verbkategorie variiert dabei die Endung: Bei regelmäßigen oder schwachen Verben (mit durchwegs gleichlautendem Stammvokal, „sagen/er sagte") endet das Partizip auf „-t": „gesagt", bei unregelmäßigen oder starken Verben (mit Änderung des Stammvokals, „reißen/er riss") endet es auf „-en": „gerissen".

Auch im Bairischen wird das Partizip Perfekt regelmäßig mit der Vorsilbe „ge-" gebildet, ebenso regelmäßig wird aber dabei das „-e" vernachlässigt und nicht gesprochen: „gsunga", „gfressn", „gstrickt". Beginnt das Verb mit einem Verschlusslaut (b, d, g, p, t, k), fällt das verbliebene „g-" der Vorsilbe mit diesem zusammen: „Danzt hamands wie narresch", „Dhunt hamand bejd", „Host ma du pfiffa?". Was die Endungen des Partizips angeht, weicht die Mundart häufig vom Standarddeutschen ab. So heißt es im Bairischen zum Beispiel „gfangt" und „ghaut", im Hochdeutschen dagegen „gefangen" und „gehauen". Umgekehrt kennt die Mundart „gfoachtn", „glitn", „gschniem" gegenüber hochdeutschem „gefürchtet", „geläutet" und „geschneit".

Die Vorsilbe kommt in der Mundart auch bei Verben zum Einsatz, bei deren hochdeutschen Entsprechungen kein „ge-" stehen kann. Der „Häuslmo" besingt im gleichnamigen Mundartlied seine bescheidenen Wünsche an das Leben und resümiert dann: „Sehgst, mir taat des glanga". In Max Peinkofers Gedicht sagt der Schreiner über den „roudn Buam", der vermeintlich den Bader zum Vater hat: „Gfreidi, routa Badaschädl! Iatz gehnd deine Hundstäg a!" Und dem Müller, der in der Christnacht den Knecht alleine zu Hause gelassen hat, schwant beim Kirchenbesuch nichts Gutes: „I gschbiirs, i kenns, dass daheunt (daheim) ebbs lous is!" (Dieses Beispiel stammt, wie die meisten anderen, aus dem reichhaltigen Fundus von Prof. Reinhard Hallers Mundartaufzeichnungen).

Ebenso verhält es sich mit Verben, die auf „-ieren“ enden, auch hier ist im Hochdeutschen bei der Partizipbildung die Vorsilbe „ge-“ nicht möglich: „Er hat in München studiert.“, „Das hat sich nicht rentiert.“, „Hast du dich schon rasiert?“, „Der hat nicht lange regiert.“ Dabei war im Spätmittelalter bei diesen aus dem Lateinischen und Französischen übernommenen Verben die Vorsilbe „ge-“ durchaus üblich: In der Stadtchronik von Bamberg etwa ist zu lesen „...bischof zu Bamberg, het gereigirt 14 jar“ und im Mittelhochdeutschen Wörterbuch gibt es sogar ein Stichwort „geregieren“ als Variante von „regieren“. „Gestudiert“ war auf jeden Fall in adjektivischer Verwendung gebräuchlich: „eine gestudirte predigt“.

Bei Fremdwörtern auf „-ieren“, die erst später Eingang ins Deutsche gefunden haben, wie zum Beispiel „fotografieren“, ist eine Partizipbildung mit „ge-“ („gefotografiert“) auch in der Mundart nicht möglich. Die älteren „-ieren“-Verben dagegen haben im Bairischen die Partizipbildung mit der Vorsilbe bewahrt: „In Minga hod a gstudiert“, „Des hod se ned grentiert“, „Host de du scho grasiert?“, „Dea hod ned lang gregiert“. Diese Formen wirken zwar im heutigen Sprachgebrauch veraltet, letztendlich haben sie aber doch bleibende Spuren hinterlassen, wie etwa im Substantiv „a Gstudierda“, das der geläufige Ausdruck für „Akademiker“ ist.

Darüber hinaus gibt es in der Mundart noch eine Reihe von Substantiven, denen im Gegensatz zum Standarddeutschen ein „Ge-“ vorangestellt werden kann: „Des is ja grod a Gspoas gwen“ sagt man, um sicherzustellen, dass eine Aktion oder Aussage nicht als ernst gemeint aufgefasst wird. Peinkofer lässt den Schreiner im Gedicht „Da roude Bua“ angesichts seiner dahinsiechenden Ehefrau anmerken „...d'Nosn, dö kriagt scha an Gschpitz“ und im mundartlich erzählten Märchen „Gschwindwiaderwind“ fordert die Königstochter den tapferen Bauernbuben auf: „Mei, fohr mit hoam aaf's Gschlooß!“ Auch der Kollektivbegriff „Vieh“ weist in der Mundart die Vorsilbe „Ge-“ auf: „In da Christnacht, do schmatzt s'Gvejchad.“

Wie vielseitig die kleine Vorsilbe sein kann, beweist sie schließlich auch noch bei der Bildung von Adjektiven, die es in dieser Weise im Hochdeutschen nicht gibt. Dabei steht „ge-“ immer in Kombination mit der Endung „-ad“: „gfoitad“, „gstumpfad“, „gschlampad“, die Endung entspricht hier dem hochdeutschen „-ig“. Daneben gibt es auch Adjektive, die im Hochdeutschen ohne Vor- und Nachsilbe auskommen wie etwa „starr“ und „spitz“ (mit Einschränkung, da auch „spitzig“ möglich ist), bei denen aber im Bairischen beides stehen muss. „I bin scho ganz gstaara(d) vo lautam Sitzn“ hört man zum Beispiel nach einer längeren Autofahrt; in der Schnadahüpfl-Sammlung von Max Peinkofer wird unter anderem der Arber folgendermaßen besungen: „Da Arber is gspitzad, am Bodn is a broat“.

Mei liawa, des is a Hantige!

Jedem kann man es nicht recht machen – diese Weisheit trifft auf viele Bereiche des Lebens zu, unter anderem auch auf das Essen, was jeder Gastronom bestätigen kann und sicherlich auch jede Mutter, die tagtäglich die unterschiedlichen geschmacklichen Vorlieben ihrer Familienmitglieder zu berücksichtigen versucht. Das fängt schon bei der Suppe an: dem einen ist sie zu wenig gewürzt, dem anderen zu stark. Ersteres drückt der bairische Mundartsprecher aus mit „laar", „tsejss"/"tsiass" („zu süß"), „fad" oder „letschad". „Fad" ist erst im 18. Jahrhundert aus dem Französischen entlehnt worden und seither im gesamten deutschen Sprachraum im Sinne von „schlecht gewürzt, schal, langweilig" verbreitet. „Letschad" ist eng verwandt mit „latschen", das schon J.A. Schmeller im Bayerischen Wörterbuch verzeichnet in der Bedeutung „schlapp einhergehen"; unter diesem Stichwort findet man auch „lätschet", das sich laut Schmeller auf Dinge bezieht, „die fest und derb sein sollten", aber schlapp und weich sind. Sogar im Duden taucht „letschert" auf, hier allerdings nur als „österreichisch umgangssprachlich für kraftlos, schlapp". Hat man der Suppe zu viel des Guten zukommen lassen, ist sie „vosoizn", „schoaf" oder „saar"/„sauer".

Manche Lebensmittel haben auch ohne nachträgliche Zutaten eine intensive Wirkung auf unsere Geschmacksnerven. Einen besonders reifen, deftigen Käse bezeichnet man als „rass" (helles „a"). Der „Krẽ", der schon im Mittelhochdeutschen „Krên, Krêne" hieß, ist, frisch und pur genossen so „rass", dass er einem das Wasser in die Augen treibt. „Rass" geht zurück auf mittelhochdeutsches „ræze" und hatte bereits in dieser Sprachstufe die Bedeutung „scharf von Geschmack, herb, ätzend". Tränen verursacht auch die frische kleingeschnittene Zwiebel, die ist jedoch nicht „rass", sondern sie „bässt"/ „beisst".

Eine andere geschmackliche Qualität bezeichnet standardsprachliches „bitter", das im Bairischen bekannt, aber nicht grunddialektal ist. Südlich der Donau wird der bittere Geschmack einer Speise mit „harb" (helles „a") ausgedrückt, das vom mittelhochdeutschen „hare, here" kommt und standardsprachlichem „herb" entspricht. Mancherorts kommt „harb" auch in der

Bedeutung „böse, zornig" vor. „Härb seyn auff Einen" findet man auch bei Schmeller. Geläufiger für „bitter" ist in der Mundart aber „hante" (helles „a"). Je nach individuellem Geschmacksempfinden können ein starker Kaffee, Bier oder bestimmte Gemüse- oder Obstsorten „hante" schmecken. Auch übertragen auf den Menschen, vornehmlich den weiblichen, findet „hante" Anwendung: „Mei liawa, des is a Hantige!" trifft von der Bedeutung her am ehesten die Redewendung „eine Frau mit Haaren auf den Zähnen".

Als eine Art „Überbegriff" für alles Übelschmeckende ist vor allem im Bayerischen Wald „läd/leid" in Gebrauch. Dabei ist natürlich auch hier wiederum das Geschmacksempfinden individuell: was für den einen noch als „deftig" durchgeht, bezeichnet ein anderer schon als „läd"; warmes Bier dagegen wird wohl von den meisten Genießern dieses Getränkes als besonders „läd" eingestuft. „Läd" hat seine Wurzeln im mittelhochdeutschen „lîdec" mit der Bedeutung „unangenehm, verhasst". Das mittelhochdeutsche „î" entwickelte sich dabei lauthistorisch zu neuhochdeutsch „ei" (gesprochen „ai") und im oberen Bayerischen Wald zu einem sehr offen gesprochenen „e", das lautlich mit einem „ä" zusammenfällt, wie es zum Beispiel auch bei mittelhochdeutsch „Wîp", neuhochdeutsch „Weib" und im oberen Bayerischen Wald „Wä" der Fall ist. Mittelhochdeutsch „ei" (gesprochen „ej") dagegen wird zu neuhochdeutsch „ei" (gesprochen „ai") wie zum Beispiel in „Leide, leidec", neuhochdeutsch „Leid, leidig", in der bairischen Mundart wird es zu „Load/Loed" und „loade" (ein weiteres Beispiel für diese Entwicklung ist mittelhochdeutsch und neuhochdeutsch „breit", bairisch „broad"). Im Gegensatz zu „läd" werden „Loed" und „loade" weniger zum Ausdruck geschmacklicher Eigenschaften verwendet, sondern vielmehr zur Beschreibung von Situationen, Empfindungen und Verhaltensweisen von Personen. Ungezogene, ungehorsame Kinder sind „loade", „a loadigs Weda" zeichnet sich durch Regen, Wind und Kälte aus. Das Substantiv „Loed" wird mundartlich mit der Bedeutung „Angst" gebraucht. „Do wiad ma ganz Loed" meint „Da bekomme ich es mit der Angst zu tun". J.A. Schmeller zitiert hierzu an entsprechender Stelle im Bayerischen Wörterbuch folgenden Vers, in dem die Angst wohl nur als Vorwand dient: „Diandl geh hea zo mia, aloa is ma loed, wannst s'Kidal net findst, gehst hea in da Pfoed."

A Rong daadi braucha

„A Kirm voller G'schichtn" ist ein kleines Buch betitelt, das „Erinnerungen an Alt-Kötzting" enthält. Die „Kirm" fungiert dabei im übertragenen Sinn als Behälter für eine Sammlung von Geschichten. Im üblichen Sprachgebrauch bezeichnet die „Kirm" einen geflochtenen Rückentragekorb, von der Herstellungsart wie auch vom Sprachlichen her eng verwandt mit dem „Korb". Körbe gibt es in vielen Variationen mit unterschiedlichen Verwendungszwecken. Die „Kirm" wurde zum Beispiel für den Transport von Waren vom oder zum Markt verwendet oder auch zum Heimtragen von Gras. Auch im (oder in der) „Kretzen" wurde allerhand transportiert oder gelagert: von Holz über Kartoffeln und Obst bis zum Säugling fand alles seinen Platz und je nachdem variierten Form und Größe. Im niederbayerischen Raum ist diese Bezeichnung lediglich ganz im Westen und vereinzelt im Bayerischen Wald bekannt. Auch den „Zeger", einen Armtragekorb, der laut Bayerischem Wörterbuch von J.A. Schmeller aus Böhmen stammt, kennt man vornehmlich im Bayerischen Wald, die Bedeutung einer aus Stroh oder Bast geflochtenen Einkaufstasche ist weiter verbreitet. Daneben wird „Zeger" aber auch als allgemeine Bezeichnung für „Korb" gebraucht. Ein spezieller, nämlich flacher, ovaler Korb mit zwei Henkeln ist die „Schwinge", sie findet häufig zum Holzeintragen Verwendung. Allen beschriebenen Behältnissen ist die Herstellungsart gemeinsam, sie sind geflochten: „Koa", „Kretzn", „Zega" aus Weidenzweigen, die „Kiam" und meist auch die „Schwing" aus etwas breiteren Spänen.

Daneben gibt es auch Gefäße aus Holz von unterschiedlicher Größe und Machart aus Brettern oder speziell gefertigten Dauben. Zum Wäschewaschen benutzte man früher den „Zuwa" („Zuber"), der im bairischen Sprachraum recht weit verbreitet ist. Im Mittelhochdeutschen hieß dieses Gefäß ebenfalls „Zuber". Verfolgt man die sprachliche Entwicklung dieses Ausdrucks noch weiter bis ins Althochdeutsche zurück, findet man die Vorform „Zwibar", welche sich aus „zwi" („zwei") und „beran" („tragen") zusammensetzt. Das lässt darauf schließen, dass es sich beim „Zuber" schon immer um ein zweihenkliges Gefäß gehandelt hat.

Weniger verbreitet, in Niederbayern nur vereinzelt anzutreffen, sind die Bezeichnungen „Brentn“ („Brente“), „Tro“ („Trog“) und „Bodan“ („Bottich“). Häufig und großräumig findet das „Schaff“ Verwendung, in Niederbayern jedoch hauptsächlich als Verkleinerungsform „Schaffe“, was aber nicht unbedingt einen Rückschluss auf die Größe des Behälters erlaubt. Ganz im Osten von Niederbayern, östlich der Ilz, kennt man das Substantiv „Schof“. Eng verwandt mit dem „Schaff“ ist der „Scheffel“, mit dem in Bayern ca. 222 Liter Getreide abgemessen wurden. Ein kleineres Gefäß, das beim händischen Melken zum Einsatz kam, ist die „Gejtn“ („Gelte“). Wiederum ganz im Osten Niederbayerns, östlich der Ilz, und auch im östlichen Gebiet südlich der Donau überwiegt die „Gejtn“ als Bezeichnung für das Melkgefäß, während es im übrigen Niederbayern nur sporadisch vorkommt, hier wird die Milch im „Zeilema“ oder im „Zeilgschia“ aufgefangen.

In kleinen landwirtschaftlichen Betrieben wurde die Milch in erster Linie für den eigenen Bedarf verarbeitet, als Suppe stand sie täglich auf dem Speiseplan, es wurden Rahm und saure Milch, Butter und Butterschmalz hergestellt. Wo heute ein Griff ins Kühlregal beim Discounter ausreicht, setzte man damals auf Zeit: Mit dem Ziel, Rahm oder saure Milch zu erhalten, wurde die Milch in ein irdenes Gefäß gegeben und so lange stehen gelassen, bis das gewünschte Ergebnis erzielt war. Nördlich der Donau nahm man dazu ein „Heva“ oder ein „Hefal/Hafal“ (mittelhochdeutsch „Haven“, „Hevelin“). Nur selten kommt hier die Bezeichnung „Weidling“ vor, ganz im Südosten auch „Weiding“, während südlich der Donau „Weidling“ üblich ist. Seinen Namen verdankt dieses Gefäß seiner Form, J.A. Schmeller beschreibt es als „Schüssel, deren oberer Umfang viel weiter ist als der Boden“.

Um einen Behälter ganz anderer Art geht es im Folgenden. Jeder hatte sie schon einmal in der Hand: die Schultasche, die unter diesem Namen überregional bekannt ist. Vor ein, zwei Generationen variierte die Benennung je nach Gegend. Nördlich der Donau wurde die „Schuibutn“ gepackt, die „Butte“ (mittelhochdeutsch „Bütte“) bezeichnet ein hölzernes Rückentragegefäß und die Komposition mit dem Bestimmungswort „Schui“ weist darauf hin, dass auch das Behältnis für die Schulutensilien in früherer Zeit aus Holz

gefertigt war. Der Ausdruck „Schuibuttn“ ist auf den westlichen Teil des Bayerischen Waldes beschränkt, Richtung Osten spricht man vom „Schuibag“, östlich der Ilz vom „Schulerbag“. Bei letzterem meint das Bestimmungswort die Person des Schülers (mittelhochdeutsch „Schuolaere“), während im übrigen niederbayerischen Gebiet bei allen Zusammensetzungen „Schule“ als Bestimmungswort fungiert. „Bag“ verweist nicht auf das Material, sondern eher neutral auf eine Art „Gepäck“ (mittelhochdeutsch „Gepac“).

„Schuibag“ war auch im östlichen Teil südlich der Donau die übliche Bezeichnung. Ansonsten kennt man südlich der Donau den „Schuiranzn“. Die Herkunft von „Ranzen“ ist ungewiss, es ist im 16. Jahrhundert als „Rantz“ in der Bedeutung „Brot- und Tragesack“ in der Gaunersprache belegt; Schmeller beschreibt den „Kostranzen“ als „ledernen Sack für Lebensmittel“. In einem recht kleinräumigen Gebiet zwischen Isar und Großer Laaber findet man für die Schultasche den Ausdruck „Schuikaja“, was im Hochdeutschen wohl mit „Schulkaller“ zu verschriftlichen wäre. Schmeller führt unter dem Stichwort „Kalier“ aus: „Anhängetasche, worin entferntere Schulkinder ihre Bücher und Schriften zu tragen pflegen“, ursprünglich wurde mit „Kalier“ am ehesten die Innentasche eines Jankers bezeichnet.

Zum Schluss noch einige Anmerkungen zu einem Behältnis, das sich zu einem allgegenwärtigen Alltagsgegenstand entwickelt hat, denn seit die Verpackungsindustrie den Werkstoff Plastik auf den Weg gebracht hat, kommt sozusagen „alles in die Tüte“. In Niederbayern kennt man außer der überregional gebrauchten „Tüte“ zwei ältere Bezeichnungen: „Rong“ oder „Rogl“ findet man zum einen im Bayerischen Wald westlich der Ilz, zum anderen auch in einem Streifen südlich der Donau, der sich, im Osten durch die Isar begrenzt, bis in den Landkreis Kelheim zieht. Südlich dieses Streifens sowie in der gesamten Osthälfte Niederbayerns ist die „Rong“ oder „Rogl“ nicht gebräuchlich, dafür aber die „Stranitze“ mit einer erstaunlichen lautlichen Variationsbreite: „Stoaritzn“, „Stalitzn“, „Staritzn“, „Stanitzn“. Das Material war jeweils Papier, die jeweilige Form ist nicht exakt definierbar. J.A. Schmeller beschreibt die „Roge“ als zylinderförmige hohle Papierrolle zur Aufbewahrung von Münzen, diese Form und Funktion ist aber sicherlich einem rechteckigen Grundriss und größerem Volumen gewichen, zum Teil wird sie auch als oben weit und am unteren Ende spitz zulaufend beschrieben. Die „Stranitze“ dagegen ist auf jeden Fall eine „Spitztüte“. Der Ausdruck leitet sich nach Angaben von J.A. Schmeller nach mehrfachen Abwandlungen von dem eher militärisch geprägten Begriff „Scharmützel“ her, andere Sprachwissenschaftler führen es auf eine Entlehnung aus dem Italienischen zurück, wo die „Tüte aus Papier“ „Cartoccio“ heißt.

Allen Benennungen der hier beschriebenen Behältnisse ist gemeinsam, dass sie veraltet und kaum mehr im aktuellen Sprachgebrauch anzutreffen sind. Eine Begebenheit, die unter „Erlebtes und Erlauschtes“ zu verorten ist, belegt dies eindringlich: Eine ältere Dame hat im Supermarkt mehr eingekauft als sie in der Hand tragen kann und bittet daher die jugendliche Kassiererin: „Gibstma bittschön a Rong?“, erntet jedoch einen verständnislosen Blick. Der erneute Versuch „A Rong daadi braucha“ ruft auch nur ein fragendes „Hm?“ hervor. Erfolgreich ist die Dame erst als sie sich, zwar genervt, aber zeitgemäß ausdrückt: „A Tüüte brauchadi!“

De Epfe konnst greane essn

In der bairischen Mundart gibt es Ausdrücke, Redensarten und auch grammatische Konstruktionen, die Situationen, Eigenheiten, Befindlichkeiten in einer speziellen Weise beschreiben, zum Teil treffender als ihr hochdeutsches Pendant. Eines dieser Phänomene nennt man in der Sprachwissenschaft „prädikatives Attribut". In den Mundarterzählungen, die der Volkskundler Prof. Dr. Reinhard Haller in den 70er Jahren des letzten Jahrhunderts aufgezeichnet hat, kommt es recht häufig vor, und zwar meist im Rahmen der Beschreibung einer bestimmten Situation: Die Drud drückt – mangels menschlichen Opfers – ein Tier, zum Beispiel ein Pferd oder eine Henne, was für das Tier tödlich endet: „...und in andan Dog liegt de schwoazz Henn doude duat!", „Dawai hods s'Ros a so druckt, dass in andan Dog doude en Schdoi drin gleng is", „Wejs in da Frejh äukema hand, is s'Ros doude drasst gleng". Auch andere Beispiele für das prädikative Attribut gibt es in diesen Erzählungen, wie etwa „ ...und wejs es gschdoame äudrong hamand in Frädhof..." oder „Dahoam is a ganz kranke via d'Dia einegfoin". Die folgende Redensart stammt ebenfalls aus Hallers Sammlung: „Den mechti i ned ogschnime (‚abgeschneit') in Sog mittrong" und meint „mit diesem Menschen möchte ich nicht gesehen werden, nichts zu tun haben", selbst wenn er in einem Sack steckt und bis zur Unkenntlichkeit mit Schnee bedeckt ist.

Die Aufzeichnung all dieser Beispiele liegt zwar schon einige Jahrzehnte zurück und auch die Gewährspersonen waren wohl bereits in fortgeschrittenem Alter, doch ist dies keineswegs ein Indiz dafür, dass das prädikative Attribut veraltet oder nicht mehr gebräuchlich ist. So verwahrte sich etwa der Kabarettist Günter Grünwald in seiner gleichnamigen Sendung im BR im Rahmen eines Sketches gegen den Verdacht eines Techtelmechtels mit seiner Assistentin mit den Worten: „Ich und die blöde Gans, do häng i ja liawa doude iwan Gartnzaun!"

„Doude", „gschdoame", „kranke" und „ogschnime" sind auf den ersten Blick Adjektive mit einer zusätzlichen Endsilbe, dem jeweiligen Eigenschaftswort in der Standardsprache entsprechend. Im Vergleich zum hochdeutschen „tot" implizieren „doude“ und „gschdoame“ jedoch nicht den dauerhaften Zustand des „Verstorbenseins“, sondern das ganz intensive Empfinden eines neu, eventuell auch unerwartet eingetretenen Zustandes. Die zeitliche Begrenzung einer Eigenschaft wird bei „Ea is bsuffane mim Auto gfon“ oder „De Epfe konnst greane essn“ ersichtlich. Gerade bei dem letzten Beispiel wird die kurze Phase des „Nicht-reif-seins“ beschrieben. Eine vergleichbare temporale Aussagekraft haben die prädikativen Attribute in den folgenden Beispielen: „I hon's nokade gseng“, „Des moust hoaße dringa, koite is's ned guad“, „Nimm's hoid ganze“.

In der folgenden Passage aus einer Geschichte in Oskar Maria Grafs „Bayrischem Dekameron“ kommt ebenfalls der temporäre Charakter des prädikativen Attributs zum Ausdruck: Der Schleinzinger-Hans klärt den aus der Stadt stammenden Dorfschullehrer darüber auf, was es mit dem Fensterln und einer „Liebschaft auf dem Land“ auf sich hat und vergleicht dies mit den Gegebenheiten in der Stadt: „Dös wird's ja a da Stodt drinna aa scho gebn“ erklärt er ihm, „do kriagt ma's ja sogor kaafta...“. Natürlich gäbe es in der Stadt auch Liebschaften, gesteht der Lehrer zu, aber nicht das Fensterln. „Jaja, weil ma's drinna aa kaafta kriagt“ bekräftigt daraufhin der Schleizinger-Hans nochmals.

Wie die Beispiele mit „bsuffane“ und „kaafta“ erkennen lassen, handelt es sich hierbei nicht etwa um männliche und weibliche Endungen, denn diese richten sich nicht nach dem Geschlecht des Bezugswortes, sondern können variieren und es sind zudem regionale Unterschiede zu verzeichnen: Der Osten Niederbayerns tendiert mehr zu Endung “-e“ bzw. „-i“ („Ea is bsuffane mim Auto gfon“, „...kriagt ma's ja sogor kaafte“), der Westen dagegen zur Endung „-a“ („Ea is bsuffana mim Auto gfon“, „...kriagt ma's ja sogor kaafta“).

Eine Besonderheit des prädikativen Attributes ist die Möglichkeit seiner Kombination mit der Partikel „oisa“, die bei allen bereits genannten Beispielen ergänzt werden kann, welche dann entsprechend lauten wie: „Do mechad i ja ned oisa doude/douda sã“, „A so hod a oisa junge/junga ausgschaut“,

„Des konnst entweda oisa rohe/roha oder oisa kochte/kochta essn". Auch hinsichtlich der Verwendung von „oisa" sind regionale Tendenzen zu vermerken. Im Osten Niederbayerns ist „oisa" recht geläufig, im Westen eher nicht.

Als Erklärung für Entstehung und Bedeutung dieser grammatischen Konstruktion mit ihren Varianten würde zunächst eine lautliche Eins-zu-Eins-Übertragung von „oisa" ins Hochdeutsche ins Auge springen, nämlich „als ein", was auf eine Substantivierung der Art „als ein Toter/als eine Tote", „als ein Junger/als eine Junge" hinwiese. Das kann jedoch schnell wieder verworfen werden, da sich das prädikative Attribut, wie bereits erwähnt, nicht nach Genus und Numerus des Bezugswortes richtet, das heißt, die Aussage „Do mecht i ja ned oisa douda sã" kann sowohl von einem weiblichen als auch von einem männlichen Sprecher gemacht werden. Ebenso wenig greift der Vorschlag Ludwig Merkles in seiner „Bairischen Grammatik", das prädikative Attribut als „verstümmeltes Adverb" zu erklären, nämlich zum Beispiel „gestorbenerweise", „ganzerweise", wobei „-weise" jeweils weggefallen sei; eine Kombination mit „oisa" wäre hier überhaupt nicht zu rechtfertigen, da völlig überflüssig.

Wahrscheinlicher ist dagegen die Herleitung von „oisa" vom bereits mittelhochdeutsch gebräuchlichen „alsô" (durch „al" verstärktes „sô"), dessen formelhafter und verstärkender Charakter sich in der Mundart erhalten hat.

Den Gäns-Handel angfangt, also Gäns-Schwirzen sozusag'n

Prof. Dr. em. Rüdiger Harnisch

Im Herbst 2012 ist das Buch „Schmuggler und Schwirzer an der böhmischen Grenz" erschienen. Es hat so viel Interesse gefunden, dass nun bereits eine zweite Auflage erscheint. Die PNP hat darüber am 30. November 2012 und am 22. Januar 2013 berichtet.

Ein solcher Schwirzer, im Jahr 1884 in der Mauth geboren, soll jetzt selber zu Wort kommen. Er bettet das Schwirzen in die historischen Ereignisse jener Zeit ein und schildert, wie es von der sozialen Not dieser Jahre getrieben war. Vom Erzähler gibt es im Deutschen Spracharchiv eine Tonbandaufnahme aus dem Jahr 1956. Er war damals 72 Jahre alt und nahm an der Aufnahmeaktion Mitte der fünfziger Jahre teil, bei der die deutschen Dialekte in einem rollenden Aufnahmestudio dokumentiert wurden.

Der Text ist ein typisches Beispiel für einen erzählten Lebenslauf in der Alltagssprache einfacher Leute. Weil hier nur der Textaufbau interessiert, wird bei seiner Wiedergabe kein lautgetreues Abbild des Dialekts angestrebt. Es ist nur darauf geachtet worden, den Rhythmus des gesprochenen Worts zu wahren, so etwa die einsilbige Form „gwen" zu schreiben, weil die Schreibung „gewesen" drei gesprochene Silben vortäuschen würde. Der Lesbarkeit halber ist der Text verhochdeutscht. Vorweg ein paar Worterklärungen: „Schwirzen" ist die mundartliche Aussprache von „schwärzen" und wird oft mit den geschwärzten Gesichtern der Schmuggler in Verbindung gebracht, kommt aber von „schwarz (nämlich ohne Zoll) über die Grenze bringen". „Aft" bedeutet „dann" und, wie „after" im Englischen, „danach". Die Richtungsangaben vom Typ „ause" oder „auser" (hinaus, heraus) werden ihrer Herkunft nach „aushin" und „ausher" geschrieben. Beim erwähnten Ort Schestnitz wird es sich um das heutige Čestice bei Wolin handeln. Hier nun der Text in seinen für das Thema des Schwirzens einschlägigen Passagen:

„1903 hab ich s'Waldgehn angfangt beim Staat da im Forstamt Mauth West. Da bin ich von 1903 bis 14 in' Wald gangen, elf Jahr lang. Und dann ist der

Krieg ausbrochen. Da hab ich dann einrucken müssen am vierten Mobilmachungstag. Und s'ist gleich dahin auch gangen alls mit mir, aus ins Frankreich aushin, gleich ins Feld. Hab da schwere Kämpfe mitgmacht draußt. 1915 bin ich dann krank wordn, hab ich s'Rheumatische so kriegt, und am Herz hab ich's kriegt. Da bin ich wieder heim kommen zu mein' Truppenteil. 1916 habn's mich dann auf München gschickt zum 1. Landsturm-Infantrieregiment. Dort bin ich aft bliebn. Und dann ist's dahin gangen mit mir, naus ins Russland aushin. Dann bin ich ins Russland einhin kommen. Da bin ich drei Jahr drin gwen, also bis halt der Krieg aus gwen ist. Und da hat's mir den Haxen abgschlagn drin. Wie ich heim kommen bin, bin ich halt ein Kriegsinvalid gwen. Und in' Wald hab ich auch nimmer gehn können. Jetzt hab ich nicht gwusst, was ich anfang. Dann hab ich halt so fortgwerkelt nacheinand, bis's mir z'dumm wordn ist.

Dann bin ich einmal hergangen und hab ich den Gänshandel angfangt, also Gäns-Schwirzen sozusagn. Hab ich s'Gäns-Schwirzen angfangt. – Hätt ich eigntlich angfangt, aber gelungen ist's mir nicht. Da hab ich mir noch ein' gsucht, ein' Kameraden. Dann sind wir dann einmal fort, einhin ins Böhm' einhin, ins Sudetenland einhin. Einhin bis auf Schestnitz sind wir einhin kommen. Habn wir dann gleich 300 Gäns kauft drin. Ja, und das ist ein Schlager gwen für uns. Also, jetzt verdien' wir ein Geld – habn wir gmeint. Naja, sind wir drei Tag drin gwesen. Und der Gänshandel, der hat uns halt richtig gfallen – habn wir gmeint. Und derweil habn wir drei Tag so glebt drin, also im Sudetenland, also was aushergangen ist, nicht wahr, und auf einmal habn wir die Gäns nicht ausherbringen können. Und jetzt sind wir wieder dagsessen. Jetzt habn wir drei Tag, habn wir gsoffen ghabt drin, also in' Böhm', im Sudetenland drin, auf den guten Verdienst schon. Und derweil ist's uns nicht gelungen. Habn wir kein' ausherbringen können. Wir sind nicht so weit kommen. Dann ist das auch wieder nixen gwen. Naja, da hat man so weiterglebt. Da hab ich dann fortgwerkelt, bis ich aft einmal zu ein' Beruf kommen bin. Da hab ich Taglerarbeiten verricht', bei die Bauern ein wenig garbeit'.

Und eines schönen Tages, also im 37-er Jahr ist's gwen, da bin ich auf d'Straß kommen als Straßenwärter. Und das hab ich weitergmacht bis 1949, bis ich halt einmal 65 Jahr alt gwen bin. Ich hätt's ja noch weitermachen können, aber mit 65 Jahr, das wissts schon, da hauen's ein' zum Teufel. Da taugt man nix mehr. Ich hätt aber schon noch taugt, ich tauget heut noch. Naja, so muss man halt fortwerkeln. Heut bin ich halt ein alter Rentler, muss auch so notig dahinlebn, grad dass man durchkommt. Muss man dann so fortwerkeln noch die paar Jährl, wo man vielleicht noch lebt."

Auch eine solche schlichte Erzählung arbeitet mit Stilmitteln. Das Leben wird als ein einziges Fortwerkeln geschildert, in das Ereignisse einbrechen, die es vorübergehend dynamisieren, bevor der Trott weitergeht. Entsprechend wird die Erzählung beschleunigt oder verlangsamt: Nach elf Jahren Waldarbeiterdasein bricht der Erste Weltkrieg aus und es geht gleich dahin mit dem Erzähler ins Feld nach Frankreich. Entschleunigt wird das aufregende Kriegerleben durch Krankheit und Zwischenstationierung, bevor es mit dem Erzähler wieder dahingeht, diesmal nach Russland. Er ist nicht Herr seines Handels, er muss erleiden, dass „es" dahingeht „mit ihm". „Es" schlägt „ihm" den Haxen ab und zwingt ihn zu einer neuen Form des Dahinlebens als Kriegsinvalide. Als ihm das zu dumm wird, wird er von sich aus aktiv. Er geht nun selber her und fängt den Schwarzhandel mit Gänsen an. In tragikomischer Weise wird aus dieser einzigen großen Eigeninitiative seines Lebens auch „nixen" und er ist zum Fortwerkeln als Tagelöhner gezwungen, bis er – mit 53 Jahren! – endlich zu einer geregelten Arbeit als Straßenwärter kommt. Sein Leben verläuft nun endgültig in ruhigen Bahnen, wenn es für ihn auch bis in die „Rentler"-Zeit hinein „notig" bleibt.

Räumlicher Fixpunkt seines Lebens ist „die Mauth". Von ihr aus geht es „hinaus" ins Frankreich, ins Russland, ins Böhmen, von den Feldzügen kommt er jeweils wieder „heim", das Schwirzergut kann er nicht „heraus" bringen. Seinen Lebenslauf gestaltet er erzählerisch als stetiges Auf und Ab. Am sichtbarsten wird das in der Gänsschwirzer-Episode: Erfolg wird mehrfach verheißen, Fehleinschätzungen und Misserfolge ziehen diese Verheißungen aber immer wieder herunter: Gänshandel hat er angefangen, aber eigentlich „hätte" er nur, denn gelungen ist er ihm nicht. Ein Schlager ist die Aussicht auf das große Geld gewesen, aber das haben er und sein Kamerad nur gemeint. Richtig gefallen hat ihnen das Schwirzerleben, aber es hat getrogen.

Auf großem Fuß gelebt haben sie schon, aber sie haben ihre Gänse nicht herausbringen können. Gesoffen haben sie im Freudenrausch drei Tage lang schon, aber die Aktion ist schiefgegangen.

Hier wird nicht mehr nur linear die Wirklichkeit nacherzählt, sondern sie wird sprachlich dramaturgisiert. Diese Erzähltexte sind deshalb nicht nur durch ihre Inhalte interessant, weil sie mündliche Geschichts-„Schreibung" von unten sind, sondern sie sind es auch von ihrer sprachlichen Form her, weil sie mündliche Dialekt-„Literatur" sind. Das Deutsche Spracharchiv und die Aufnahmesammlungen von Projekten wie dem Sprachatlas von Niederbayern sind voll von solchen Erzählschätzen. Nachdem sie für die die Formen- und Wortgeographie schon ausgiebig ausgewertet worden sind, warten sie jetzt auf ihre textliche und volksliterarische Untersuchung.

Luja sog i!

Der bekannteste bayerische Flucher ist wohl der Engel Aloisius, der auf der Himmelswolke sitzt und frohlocken soll, sich aber sehr über einen durchgeistigten Engel ärgert, der nicht auf seine Bitte um eine Prise Schnupftabak reagiert. Sein Frohlocken fällt deshalb recht ungehalten aus: „Halleluja! Luja! Luja sog i! Zefix Halleluja! Luja!“ An diesem Beispiel lässt sich sehr gut die „Entstehung“ des Fluchens nachvollziehen. Zunächst ist da die Frustration – es klappt nicht mit dem Schmaizler. Dadurch kommt es zum Affekt, Aloisius ärgert sich und gerät in einen Erregungszustand, der schließlich in einer Aggression gipfelt, welche sich wiederum in einer Fluchtirade entlädt. So gesehen ist Fluchen sogar gesund, und zwar für alle Beteiligten, weil nicht zuletzt Handgreiflichkeiten dadurch vermieden werden können.

Die psychologische Forschung findet überhaupt viel Positives am Fluchen: Es wird Stress abgebaut, es erhöht die Schmerztoleranz, steigert die Leistungsfähigkeit, wirkt ehrlich. Wie geflucht wird – rüpelhaft, blasphemisch, vulgär – spielt keine Rolle. Während das Hochdeutsche die Fäkalsprache dazu heranzieht, bedient sich die Mundart aus einem religiös geprägten Begriffsrepertoire, was im katholisch geprägten Altbayern nur auf den ersten Blick erstaunlich wirkt. Im Erregungszustand hat man wohl eher auf ein altbekanntes Vokabular zurückgegriffen, als komplett neue Schimpfwörter zu kreieren. Die Kernbegriffe „Sakrament“, „Kreuz/Kruzifix“, „Himmel“, „Teufel“ und „Herrgott“ bilden den Grundstock für das mundartliche Schelten und bieten eine Vielzahl an Möglichkeiten der Kombination und Erweiterung.

Oskar Maria Grafs schriftstellerisches Werk, wie etwa die „Chronik von Flechting“ oder „Das bayrische Dekameron“, erweisen sich als wahre Fundgrube dafür. „Himmi-herrgott“ lässt er den Bauern wispern, nachdem er fast mit der Magd erwischt worden war, „Kreuzteifi – dös hätt‘ dumm außigeh kinna!“ Als es darum geht, bei einem Hauskauf das Rennen zu machen, stößt der Wirt aus: „Sakrament-sakrament! Jetz müaß ma's packa, kost's wos mog!“. In einer ähnlichen Situation, als die Chance auf ein gutes Geschäft vertan ist, weil der potentere Bieter zu spät kommt, macht der Jakl in der „Chronik von

Flechting“ durch die mehrfache Wiederholung eines der Kernbegriffe seinem Ärger Luft: „Herrgottsakrament-sakrament-sakrament! Jetz kimmt er daher, der damisch‘ Hund, der damisch‘!“ Höchster Erregung gibt der Postbote Lechner in der Geschichte „Das Brautverstecken“ Ausdruck. Nachdem Michl die Braut seines Freundes im Verlauf der Hochzeitfeier derart intensiv auf dem Diwan in Lechners Stube „versteckt“ hat, dass dabei Lechners Pfeifensammlung von der Wand fällt und zu Bruch geht, flucht der Postbote beim Anblick der Scherben: „Himmi-himmiherrgottsakrament-sakrament!“, und als er im Wirtshaus von seinem Unglück berichtet: „Himmikruzifix-kruzifix! Herrgottsakrament-sakrament!“ Der Michl ist auch nicht erfreut, als er für den Schaden aufkommen muss: „Herrgott, teir konn a so a Brautverstecka komma, Sakrament-sakrament!“ Ein letztes Beispiel für eine Fluchtirade: Durch den Lärm, den der Hilfslehrer Wabendorfer beim fehlgeschlagenen Fensterlversuch verursacht, schimpft der Hausherr, aus dem Schlaf gerissen: „Wos is's denn? Himmikreizherrgottsakramentsakrament? Hundling, misrabliga!“

Dieses gotteslästerliche Schelten verstößt ganz klar gegen das 2. Gebot und muss in der Konsequenz gebeichtet werden. Um den womöglich täglichen Gang zum Beichtstuhl zu vermeiden, lässt der Mundartsprecher seine Kreativität spielen und weicht in Momenten höchster Erregung auf weniger drastische Fluchäquivalente aus: „Sappramen“ nimmt „Sakrament“ die Härte, auch die Verkürzung auf „Sakara“ klingt schwächer, vor allem in der Variante „Sikara“. Beide können (ebenso wie die Vollform „Sakramenter“) auch in Bezug auf eine Person verwendet werden: „Dea Sikara/Sakara/Sakramenter foigt einfach ned!“ Eine weitere abgeschwächte Form ist „Sakradi“, das wohl in Verbindung mit dem französischen „Sacre dieu“ („Heiliger Gott“) zu sehen ist und noch unverfänglicher zu „Saxndi“ abgewandelt wird. „Saxndi“ ist hinsichtlich Gotteslästerlichkeit derart unverdächtig, dass es vor über 30 Jahren Oberpfälzer Musiker als Namen für ihre Partyband gewählt haben und es selber als „bayerischen Ausdruck des Erstaunens“ definieren. Auch für die Fluchzusammensetzungen mit „Kruzifix“ werden in der Mundart moderatere Formen gebildet. „Zefix“ bewahrt nur noch den zweiten Bestandteil des Kernbegriffes und wurde zum Beispiel als Name für eine ganze Reihe von Publi-

kationen gewählt („Zefix“-Kalender, „Zefix“-Memo usw.), die in Buchhandlungen unter dem Stichwort „Bavarica“ angeboten werden. Wie „Saxndi“ muss auch „Zefix“ als Name für eine (mittelfränkische) Partyband herhalten.

Daneben gibt es Zusammensetzungen, in denen der erste Bestandteil von „Kruzifix“ erhalten bleibt: „Kruzitürken“, das wohl auf die Türkeneinfälle im 16./17. Jahrhundert zurückverweist und „Kruzifünferl“, das „-fix“ durch eine Münzbezeichnung ersetzt, sind weitere unverfängliche Beispiele, ebenso „Kruzinali“ und „Kruziwuzi“, welche am ehesten lautmalerisch zu interpretieren sind. Ob „Kruzinesen“ tatsächlich, wie vielfach vermutet wird, in Anlehnung an „Kruzitürken“ auf die „Chinesen“ anspielt, bleibt dahingestellt. „Kreuz“ wird bis zur Unkenntlichkeit abgemildert in „Kreimschachterl“.

Auch „Herrgott“ kann umschrieben werden, und zwar mit „Herrschaft“. Dies ist so fern von jedem blasphemischen Verdacht, dass es selbst aus hochwürdigem Munde nicht anstößig wirkt. Als bei einem Trauergottesdienst die Lautsprecheranlage störende Knackgeräusche von sich gibt, reagiert der Pfarrer schließlich ungeduldig: „Ja Herrschaftseitn, wos is’n do lous!“

Schbeim und schbiazn

Bis auf wenige Ausnahmen entstammen alle europäischen Sprachen der indoeuropäischen Sprachfamilie. Ein Ableger dieser „Ursprache“ ist das Germanische, woraus sich wiederum verschiedene Varianten entwickelten wie etwa das Gotische, das Spuren zum Beispiel im Spanischen hinterlassen hat oder das Altnordische, Vorläufer der skandinavischen Sprachen. Für die Mitte und den Süden Mitteleuropas, also auch für unseren Raum, war das Althochdeutsche maßgeblich. Großräumig betrachtet fallen heute in der Regel Sprachgrenzen mit territorialen Grenzen zusammen. Dass es jedoch innerhalb dieser Sprachgrenzen unterschiedliche Dialekte gibt, dafür sind nicht politische, sondern eine Reihe anderer Gründe verantwortlich, die aber ebenfalls viele Jahrhunderte zurückreichen. So gab es im süddeutschen Raum vom Mittelalter an keine großräumigen Völkerwanderbewegungen mehr, sondern es nahmen durch vermehrte Rodung der Wälder und landwirtschaftliche Nutzung der gewonnenen Flächen die bäuerlichen Strukturen und die Sesshaftigkeit zu. Dazu war mangels entsprechender Infrastruktur kein überregionaler Verkehr vorhanden, landschaftliche Gegebenheiten wie Berge und Flüsse taten ein Übriges, um einzelne Siedlungsgemeinschaften voneinander abzugrenzen. Lesen und Schreiben war für die bäuerliche Bevölkerung kein Thema, das blieb lediglich besonders ausgebildeten Mitgliedern der Höfe und Klöster vorbehalten.

Dies alles trug dazu bei, dass sich kleinräumige Dialektvarianten von benachbarten Dörfern entwickeln konnten. Auch kirchliche Organisationsformen spielten dabei eine Rolle. Einerseits konnte sprachliche Anpassung erfolgen, wenn ein Kirchensprengel mehrere Ortschaften umfasste, das heißt die Bewohner verschiedener Siedlungsorte eine gemeinsame Pfarrkirche besuchten. Zugehörigkeit zu unterschiedlichen Kirchensprengeln bot keine Möglichkeit zur Kommunikation und förderte so die sprachliche Abgrenzung. Maßgeblich war in diesem Rahmen die Einteilung in Diözesen. Niederbayern gehört kirchenpolitisch gesehen hauptsächlich zu zwei Diözesen, nämlich die westliche Hälfte zum Bistum Regensburg und die östliche Hälfte zum Bistum Passau. „Grenzorte“ im Bayerischen Wald sind zum Beispiel Mietraching, Grafling,

Zachenberg, March, Teisnach, Bodenmais und Bayerisch Eisenstein im Westen (Bistum Regensburg) und Urlading, Kirchberg im Wald, Bischofsmais, Regen, Brandten, Rabenstein, Lindberg und Scheuereck im Osten (Bistum Passau).

Die Bistumsgrenze beruht auf der Errichtung der bayerischen Bistümer im Jahre 739 und lässt sich bis heute anhand von Dialektunterschieden nachweisen – mit einer leichten Streuung zwar, meist mit Eindringen der westlichen Variante in den östlichen Bereich, aber doch eindeutig nachvollziehbar. Hier einige Beispiele aus den Bereichen der Wort- und Formenbildung sowie der Lautung: Westlich der Grenze (Bistum Regensburg) kennt man für „ausspucken" den Ausdruck „schbeim/schbäm", östlich (Bistum Passau) ist „schbiazn" geläufig. Im Hinblick auf die Endung zum Beispiel von „Ähre" ist „E-a" (Bistum Regensburg) von „E-an" (Bistum Passau) zu unterscheiden. Die lautliche Realisierung der Vokale in „tief", „sieden", „böse", „lassen" und „brüten" geschieht als „duif", „suin", „bejs", „loussn" und „brejtn" westlich der Bistumsgrenze (Regensburg) und als „doif", „soin", „bes", „lossn" und „briatn/bruatn" östlich davon (Passau). Sicherlich kann der Verlauf der Bistumsgrenze mit anderen lautgesetzlichen Grenzen, wie etwa derjenigen zwischen gestürzten und nicht gestürzten Diphthongen (zum Beispiel „Schou/Schua", „Brejf/Briaf") zusammenfallen, dient dann aber jedenfalls zu deren Verfestigung. Es ist schon erstaunlich, wie nachhaltig sich kleinräumige dialektale Unterschiede unter völlig veränderten Gegebenheiten im Vergleich zum Zeitraum ihres Entstehens behauptet und noch in der Gegenwart Bestand haben. Vor dem Hintergrund grenzenloser Mobilitäts-, Interaktions- und Kommunikationsmöglichkeiten stellen sie nach wie vor sicherlich ein gemeinschaftsstärkendes und identitätsstiftendes Moment dar.

Kimmst moang in Nomd, dann tringma a Hoiwe

Grüßen als initiales Mittel der zwischenmenschlichen Kommunikation hat unterschiedliche Ausdrucksformen. Es kann zum einen die Funktion des Auf-sich-aufmerksam-Machens haben, zum anderen Erkennen bzw. Wiedererkennen signalisieren. Nicht-verbale Varianten sind etwa das Winken oder der Gruß sich auf der Straße begegnender Motorradfahrer mit lässig herabhängendem linkem Arm und abgespreiztem Zeige- und Mittelfinger. Hier gilt der Gruß dem Unbekannten, aber Gleichgesinnten. Anders beim Autofahrer, dieser grüßt mit leicht vom Lenkrad abgehobener Hand, aber nur, wenn er sein Gegenüber kennt. Dann gibt es auch noch den wortlosen Gruß per Kopf, der dabei entweder nickenderweise von oben nach unten oder auch von unten nach oben bewegt wird und dann langsam wieder absinkt.

Das dialektologische Augenmerk liegt natürlich auf den verbal geäußerten Grußformeln. Wie im Standarddeutschen stehen dem Sprecher auch in der Mundart je nach Tageszeit unterschiedliche Begrüßungsarten zur Verfügung. Morgens wünscht man sich „Guabmoang/Guabmoing", wobei sich der leichteren Aussprache wegen der Artikulationsort des „t" in „guten" hin zu dem des „m" in „Morgen" verschiebt. „Grüß Gott" passt zu jeder Tageszeit. Dieser Gruß ist allgemein im Süddeutschen üblich.

Nicht nur außerhalb dieses Verbreitungsgebietes wird „Grüß Gott" fälschlicherweise als Imperativ, also als Aufforderung, Gott zu grüßen, verstanden. Dieses Missverständnis kommt sicherlich durch die ungewöhnliche Wortstellung zustande. Der Bedeutung nach müsste es richtig heißen: „Gott grüße dich" im Sinne von „Möge Gott dich grüßen", „Gott sei dir gnädig". „Grüßen" impliziert dabei sozusagen einen Segenswunsch. Dieser Bedeutung wird die etwas ausführlichere mundartliche Form „Griaß di God" eher gerecht. Als persönliche Ansprache einer bekannten Person steht sie dem neutralen „Griaß God" gegenüber, mit dem man sowohl fremde als auch bekannte Personen begrüßen kann, und zwar sowohl eine einzelne Person als auch eine Gruppe. In derselben Weise wird in der Standardsprache „Guten Tag" gebraucht, auch hier kann sowohl ein Einzelner als auch eine Gruppe von mindestens zwei Personen gemeint sein. Will man mehrere Anwesende explizit als Gruppe begrüßen, erweitert man den Gruß zu „Guten Tag zusammen". Dementsprechend heißt es in der bairischen Mundart „Griaß God beinand". Allerdings hat der Mundartsprecher zusätzlich die Möglichkeit, diese Unterscheidung am Personalpronomen festzumachen. Je nach Anzahl der Angesprochenen wählt man zwischen Singular „Griaß di God"/„Griaß di" und Plural „Griaß enk God"/„Griaß enk". Hier wird häufig noch ein „d" eingefügt zu „Griaßdenk God", wohl in lautlicher Anlehnung an den Abschiedsgruß „Pfiat enk God"/„Pfiat enk"; in der Einzahl entsprechend „Pfiat di God"/„Pfiat di". Hier liegt der Wunschsatz „Gott behüte dich" zugrunde, allerdings ebenfalls in der zuvor schon erwähnten geänderten Wortstellung „Behüte dich Gott".

Im Laufe der Sprachentwicklung ist – ein typisches Merkmal für den oberdeutschen Sprachraum – in der Mundart das „e" in der Vorsilbe eliminiert worden, „Synkope" wird dieses Phänomen in der Sprachwissenschaft genannt. Wegen der leichteren Sprechbarkeit kommt es in einer Art Assimilationsvorgang von „b" und „h" zu „pf" (vergleiche auch zum Beispiel „behalten": „Des Glump konnst da pfoitn"). Auch andere Wunschsätze mit „Gott" als Subjekt fallen durch die ungewohnte Wortstellung auf: Auf das Niesen seines Gegenübers reagiert man mit „Hejf God!", worauf sich der Nieser für den frommen Wunsch mit „Gejts God"/„Vogejts God" („Vergelte es Gott") bedankt. In anderen Situationen, wenn jemand zum Beispiel ein Geschenk erhält, drückt dieser – meist jedoch der älteren Generation Zugehörige – seinen Dank mit „Vogejts God" aus und der Schenkende zeigt mit der Antwort „Sengs God" („Segne es Gott"), dass seine Gabe von Herzen kommt.

„Pfiat di God" ist nicht nur ein Abschiedsgruß, sondern kann auch als Ausdruck des Erstaunens, der Überraschung gebraucht werden: „Ja pfiat di God, gejds do zou!" Da es in der Mundart keinen Ausdruck gibt, der der Lautung von „sich verabschieden" direkt entspricht, wurde einer von der Formel „Pfiat God" abgeleitet, daher auch der verbale Gebrauch „pfiatn" bzw. „opfiatn". In seinem Lied „Hoit ned o" singt Hubert von Goisern „zum Pfiatn hob in neama Zeit, i bin auf und davo, i muas weida, i muas weg", in Liesl Bauernfeinds (Viechtach) Gedicht „Zwoa oa'gschichte Brüader" heißt es über den Pfarrer, der zu einem vermeintlich Sterbenden geholt worden war, dieser ihm aber bei bester Gesundheit eine üppige Brotzeit aufgetischt hatte: „Beim O'pfüatn hod er no gsogt: Bleibts fei recht gsund! Is scho recht, dass mi g'holt habts, wißts an Tag ned, ned d'Stund."

„Griaß God" und „Pfiat God" passen zu jeder Tages- und Nachtzeit, dagegen beschränkt sich die Verwendung von „Guat Nomd" und „Guat Nacht" auf die späteren Stunden des Tages bzw. auf die Nacht. Anders als im Hochdeutschen, wo „Guten Abend" tatsächlich erst in den Abendstunden verwendet wird, beginnt im Bairischen der Einsatz von „Guat Nomd" bereits in den Nachmittagsstunden, entsprechend der Bedeutung von „Omd": „Kimmst moang in Nomd, dann tringma a Hoiwe" gilt ab ca. 15 bis 16 Uhr. Der flüssigeren Aussprachemöglichkeit geschuldet wird hier dem „Omd" noch ein „N" vorangestellt, so dass daraus der „Nomd" wird, wie es zum Beispiel auch bei „Ost" und „Nost" („Ast") der Fall ist. Allerdings ist die Begrüßungsformel „Guat Nomd" veraltet und im Alltag kaum mehr zu hören, zudem beschränkt sich ihr Gebrauch recht kleinräumig auf den oberen und unteren Bayerischen Wald. „Guat Nacht" ist die geläufige Verabschiedung, wenn man in den mehr oder weniger weit fortgeschrittenen Abendstunden eine Gesellschaft verlässt oder wenn jemand zu Bett geht. Wohl in Anlehnung an „Griaß God" und „Pfiat God" kann auch hierbei die Zahl der Angesprochenen berücksichtigt werden: „Guat di Nacht"/„Guat enk Nacht". Die Wortstellung ist hier jedoch noch verdrehter bzw. stark verkürzt, denn richtig müsste es heißen: „Ich wünsche Dir/Euch eine gute Nacht" und nicht „Gute Dir/Euch Nacht".

Neben diesen schon seit vielen Jahrhunderten in der Mundart etablierten Begrüßungs- und Abschiedsformeln dringen immer wieder auch neuere Varianten in den Sprachgebrauch ein, wie etwa „Servus", das sowohl zur Begrüßung als auch zum Abschied verwendet wird und bekanntermaßen aus dem Lateinischen kommt, wo es „Sklave, Diener" bedeutet.

„Habe die Ehre", ursprünglich ein Gruß, der explizit die respektvolle Wertschätzung des Angesprochenen zum Ausdruck bringen sollte, ist auch in der jüngeren Generation geläufig. „Habe die Ehre“ beinhaltet eigentlich gar kein Personalpronomen, trotzdem findet hier eine Analogiebildung zu „Griaß enk“ und „Pfiat enk“ statt: So manche Stammtischrunde wird mit „Hawederenk!“ begrüßt.

Natürlich dürfen bei diesem Thema auch die überregional gebrauchten Grußvarianten „Tschau“ und „Tschüss“ nicht fehlen. „Tschau“ ist sozusagen die italienische Variante von „Servus“, denn es wurde vom italienischen Gruß „Ciao“ übernommen, welcher wiederum die Kurzform von „Schiavo“ („Diener“) ist. „Tschüss“ steht von seinem Ursprung her den Gott-bezogenen Grüßen nahe, da es auf das lateinische „ad deum“ („zu Gott“, vergleiche auch französisch „Adieu“ und spanisch „Adios“) zurückgeht und sich über viele Lautvarianten und Abschleifungen zu „Tschüss“ verkürzt hat.

No amoi wenn i di dawisch, nochand drisch i di a so!

Noch bis gut in die Mitte des letzten Jahrhunderts hinein war körperliche Züchtigung als probates Mittel der Erziehung im privaten Bereich wie in der Schule verbreitet. Auch bei scheinbar unüberwindlichen Meinungsverschiedenheiten zwischen Erwachsenen war dies eine Option: Wo heute Rechtsanwälte und Gerichte ins Spiel kommen, wurden früher Prügel angedroht und häufig blieb es nicht bei der Drohung.

Prügel setzen ein gewisses Kraftpotential voraus, deshalb stammt das entsprechende Vokabular meistens aus Berufsfeldern bzw. Tätigkeitsbereichen, in denen Kraft zum Einsatz kommt. „No amoi wenn i di dawisch, nochand drisch i di a so!“ Hier ist der Zusammenhang mit „dreschen“, dem gewaltsamen Trennen des Getreides in Stroh und Körner unverkennbar. Dazu gibt es jeweils auch ein Substantiv: „Drusch“ bezeichnet die Menge an Getreide, die gedroschen wird, „Drisch“ die Portion von Schlägen, die jemand erhält. Auch der Flachs wird mit Gewalt von seinen Früchten befreit, er wird gebleut (neue Rechtschreibung: gebläut). Dieses Wort leitet sich vom mittelhochdeutschen „bliuwen“ her und hatte von jeher die Bedeutung „schlagen“. Es entwickelte sich den Lautgesetzen entsprechend zum neuhochdeutschen „bleuen/bläuen“ und mundartlichen „bluin, blain“ oder ähnlichen Varianten. „Zerst hamands midarananda Koatngspejd und dano hamandsna a so dablait!“. Johann Andreas Schmeller hat unter diesem Stichwort ein äußerst frauenfeindliches Beispiel angeführt, angeblich einem Volkslied entstammend: „Wemma halt s'Wei net bloid, is's grod, als wenn s'Kraut net soid“.

Trägt jemand die Spuren einer Rauferei im Gesicht, bemerkt man mit mehr oder weniger Mitleid: „Di hamands owa ganz sche dadengld“ oder „Hamands di gscheit danaat (helles „a“), gej?“. Zum Dengeln, dem Schärfen von Sensen oder Pflugscharen, braucht es einen gewissen Kraftaufwand, wo jedoch die Umdeutung der unverdächtigen Tätigkeit des Nähens zu einem gewalttätigen Verhalten herrührt, bleibt ungewiss. „A so soinsna wassan (helles „a“)“, das „vergönnt“ man gehässigerweise dem, der andere auf besonders freche Weise provoziert. Dieser Ausdruck ist wohl eine Anspielung auf das Einweichen, weich werden durch „wässern“ und meint also „weichprügeln“. Ähnlich ist „Di wichsns scho no amoi gscheid“ zu interpretieren. Die „Wichs“ ist eine Wachsschmiere, mit der zum Beispiel Leder glatt und glänzend gemacht, „gewichst“ wird. In einem derben Volkslied, vom Baumsteftenlenz aufgezeichnet und überliefert, beklagt der „arme Häuslerbua“, dass er vom Wirt kein Bier mehr bekommt, noch dazu habe ihn dieser „aussigwichst und hot mi gstrixt“. Zu letzterem ist hauptsächlich das Substantiv bekannt: „Host vom Lehrer Strixn krejgt, ha?“ „Strixn“ ist entweder auf Schläge mit einem „Strick“ zurückzuführen oder aber auf „Streich“, was ja auch „Hieb“ bedeuten kann.

Die Kopfnuss ist allgemein bekannt, im Bairischen kennt man dazu auch ein Verb: „Hamandsn recht danusst, waara ned nogem hod“. Im Mittelhochdeutschen bedeutete „nussen“ „Nüsse brechen, knacken“, was wiederum auf die eingangs angesprochene Kraftaufwendung deutet. Als Substantiv meint „Nuss“ in der Mundart nicht nur die Hülsenfrucht, sondern weist auf die Notwendigkeit einer großen Anstrengung oder auch auf ein gewisses Gefahrenpotential hin: Plant jemand eine Aktion, deren Ausführung risikoreich und schwierig, das Gelingen fraglich ist, sagt man. „Ou, do moini hods Nuss!“.

Der doudlt ja scho

Verben mit der Endung „-eln“ gibt es viele, im Bairischen noch mehr als im Hochdeutschen. Den meisten von ihnen ist ein iterativer Charakter zu eigen, das heißt sie beschreiben die stete Wiederholung eines Vorgangs oder einer Tätigkeit, was zudem eine nicht genau begrenzte Zeitspanne in Anspruch nimmt. „Odeln“, „winseln“, „kugeln“ sind Beispiele dafür.

Bei vielen Verben auf „-eln“ bietet es sich an, sie zu Gruppen zusammenzufassen, wie etwa diejenigen, die den iterativen Charakter mit einem Körperteil als ausführendem Element verbinden: Bei „haxln“ und „fejßln“ in der Bedeutung „schnell gehen, laufen“ sind die Füße beteiligt, wobei „fejßln“ auch die verstohlene, aber ausdauernd wiederholte Berührung mit den Füßen als Annäherungsversuch bezeichnen kann. Mit den Händen „hantlt“ man sich vorwärts, den Kopf gebraucht der Fußballspieler im bairischen Sprachgebiet zum „Kepfen“ („köpfeln“, in der mundartlichen Form ist das „-l-“ zu „-e-“ vokalisiert). Auch der Hund bietet hierfür ein Beispiel, wenn er zur Begrüßung erfreut „schwanzelt“ oder „schwoifet“ („schwoifelt“).

Andere Verben auf „-eln“ beschreiben Tätigkeiten, die mit einer gewissen Neigung und Begeisterung ausgeübt werden: Zum „Gartln“, aber auch zum „Kartln“ und zum „Sportln“ braucht es eine Leidenschaft, wohl auch zum „Schnapsln“ und zum „Broudln“.

Dann gibt es auch Verben mit der Endung „-eln“, die sich auf die Qualität lautlicher Äußerungen beziehen wie „lispeln“ und „nuscheln“ oder die regionale Färbung der Aussprache beschreiben wie hochdeutsches „pfälzeln“ und „schwäbeln“. Das Bairische kennt zudem „behmackln“ („böhmackeln“), was aber nicht in erster Linie „böhmisch“ bzw. „tschechisch sprechen“ meint, sondern „deutsch mit böhmischem Akzent sprechen“ oder einfach „sich ungeschickt, unverständlich ausdrücken“. Das Substantiv zu „behmackln“ ist der „Behmack“, wie auch die bislang genannten Beispiele als Basis ein Substantiv haben.

Dagegen sind Verben wie „krankln“ (helles „-a-“), „blödln“ eher mit Adjektiven in Beziehung zu setzen. Unklar ist die Herkunft von mundartlichem „bieseln“, das als fast neutraler Ausdruck für „urinieren“ in den Duden Eingang gefunden hat und auch in der Tagespresse verwendet wird, so hieß es etwa in der Deggendorfer Zeitung vom 15.01.2018 unter der Überschrift „Wildbiesler angezeigt“: „Beim wilden Bieseln in der Jahnstraße wurde am Dienstag um 20.00 Uhr ein 22-jähriger Mann von einem Zeugen beobachtet.“

Eine weitere Gruppe von Verben mit der Endung „-eln“ dagegen ist ausschließlich in der Mundart gebräuchlich. Sie beschreiben durchweg olfaktorische und gustatorische Wahrnehmungen. Wenn es „brantlt“, riecht es nach Verbranntem, wenn es „rachet“ („räuchelt“) nach Rauch. Nach Käse riecht es, wenn es „kaaslt“, dabei ist in erster Linie das Nahrungsmittel gemeint, aber auch ungewaschene Füße können „kaasln“. Einen noch unangenehmeren Geruch, nämlich den nach Urin, beschreibt „soichen“ („soicheln“). Wenig erbaulich ist es, wenn man auf engem Raum in der Gesellschaft eines Zeitgenossen ist, der „schwitzlt“.

Auch tierische Gerüche werden mit Verben auf „-eln“ umschrieben: Im Pferdestall „rosslt“ es, „rewen“ („rebeln“) lässt die Anwesenheit eines Geißbockes vermuten. Ein Hund, den ein Regenschauer erwischt hat, „huntlt“. Bemerkenswert ist, dass es einen entsprechenden Ausdruck auch für andere Tiere, zum Beispiel für die Katze gibt, „katzln“ (helles „a“), der jedoch eine völlig andere Bedeutung hat, nämlich „Junge kriegen“.

Manche Verben können sowohl den Geruch als auch den Geschmack meinen. Geht man an einer Wiese mit frisch gemähtem Gras vorüber, steigt einem ein intensiver Grasgeruch in die Nase, es „grealt“ („grünelt“, nasaliertes „-ea-„). Aber auch ein Gericht wie Salat kann eine ausgesprochen „grüne“ Geschmacksnote haben, so dass es ebenfalls „grealt“. Auch „ranzln“ kann Geruch oder Geschmack bezeichnen, genauso „sailn/säln“ („säuerlich riechen, schmecken“): Riecht es etwa nach Erbrochenem, so liegt ein säuerlicher Geruch in der Luft, es „sailt/sält“. „De sailt/sält ja scho“ sagt man über die Milch, wenn sie verdorben ist und man davon getrunken hat. „Fischln“ und „wejtln/wuitln“ lassen keinen Zweifel am Ursprung des jeweiligen Geschmacks: es handelt sich um ein Fischgericht bzw. ein Wildgericht.

Eine olfaktorisch und eine optische Wahrnehmung verbindet man mit dem Verb „grawen“ (helles „-a“, vokalisiertes „-l-“, vom Adjektiv „grau“). Ist Feuchtigkeit ins Mauerwerk eingedrungen, kann sich Schimmel bilden, der sich sowohl optisch als auch geruchlich bemerkbar macht: „Schau hi, do grawets“, „Schmeck amoi, wejs do grawet“.

Ein weiterer Aspekt kommt beim Verb „doudln“ („toteln“) hinzu. Zum einen bezeichnet es den Geruch nach Verwesung, zum anderen wird es benutzt, um das Aussehen eines ungesund wirkenden Menschen drastisch zu beschreiben: „Der doudlt ja scho“. Ist ein Ort von Leerstand und fehlendem gesellschaftlichem und kulturellem Angebot geprägt, „doudlt“ er ebenfalls.

Grod, dass i's no daglanga kon!

Eine der zahlreichen Besonderheiten der bairischen Mundart ist die Vorsilbe „der-", gesprochen als unbetontes „da-" wie in „dahoam". Sie ersetzt die standarddeutschen Präfixe „er-" und „ver-". Dabei gibt es 1:1-Entsprechungen wie „dalem" („erleben"), „dazejn" („erzählen"), „dabedln" („erbetteln), „dafäun" („verfaulen"), „dahungan" („verhungern"), „dadiaschtn" („verdursten). Meist werden die Verben mit dem Präfix „da-" perfektiv gebraucht, das heißt, dass die beschriebene Handlung, zum Teil durch mehrfach wiederholte Ausführung, einen erfolgreichen Abschluss findet. Die Ergebnisse können unterschiedlicher Natur sein: „Grod, dass i's no daglanga kon!" sagt man, wenn die Arme gerade noch lang genug sind, um einen Gegenstand zu erreichen, oder „Des hamma grod no daschuim kinna", wenn ein Gegenstand fast zu schwer ist, um durch Schieben bewegt zu werden, oder „Des Haus hed ma boid ned dahoizn kinna", wenn ein Gebäude durch dauerhaftes Heizen gerade eben erwärmt werden kann. Hier handelt es sich durchwegs um positive Ergebnisse.

Auch in den folgenden Beispielen findet eine intensive Handlung wenigstens annähernd ihren Abschluss, die Ergebnisse sind allerdings als negativ zu bewerten: „Der hätt mi boid daschlong" singt der „Michal" in einem bayerischen Volkslied, nachdem ihn der „Woidma" mit seiner Frau „dawischt" hat. „Hod ja eh oiss dafrert, heuer und vert" heißt es in einem anderen Volkslied aus dem Böhmerwald, in dem das raue heimatliche Klima beklagt wird. „Dawiagln", „dasaffa", „dadrucka", „datretn" lassen ebenfalls kein gutes Ende vermuten, sondern weisen auf einen tödlichen Ausgang hin.
Auch die Vorsilbe „zer-" wird im Bairischen vereinzelt durch „da-" ersetzt, hier liegt jedoch nur eine bedeutungsmäßige Entsprechung zum Hochdeutschen vor: „Damantschn" oder „dagatzn" bedeutet „zerquetschen".
Darüber hinaus gibt es noch viele weitere Verben mit dem Präfix „da-", die keine wörtliche Entsprechung mit „er-" bzw. „ver-"-Verben aufweisen. „Dafoi di ned!" ruft man jemandem zu, der gestolpert ist. Ist jemand mit dem Auto tödlich verunglückt, heißt es: „Dea hod si darennd". Im Hochdeutschen gibt es zwar die Verben „fallen" und „rennen", jedoch weder „erfallen" noch „er-

rennen“. Erhält man eine überraschende Nachricht oder erschreckt sich, dann ist man „ganz dakemma“, zur Beruhigung rät man dem Aufgeregten: „Dafang di no wieda!“. Ein Sommerabend auf der Terrasse kann unangenehme Folgen haben: „Ja hamand mi de Staunzn danogld!“ Derjenige, der bei einer Rauferei die heftigsten Schläge einstecken musste, den „hamands gscheit dadengld“. Wird jemand von einer ernsten Erkrankung niedergestreckt, dann hat es ihn „dabrejsld“, denselben Ausdruck kann man auch bei einem Sturz zum Beispiel beim Skifahren verwenden. Tritt eine Besserung des Zustandes ein bzw. steht der Gestürzte wieder auf, dann „hodasi wieda darapped“. Und manche Situation oder ein bestimmtes menschliches Gegenüber ist einfach „ned zum Dapacka“. Diese mundartlichen Verben werden im Hochdeutschen durch andere ersetzt oder umschrieben, um dieselbe Bedeutung auszudrücken.

Die Vorsilbe „der-“ war bereits ab dem 12. Jahrhundert bekannt, über ihre Entstehung scheiden sich die sprachwissenschaftlichen Geister. Sie könnte durch die Übernahme des „d/t“ von einem vorhergehenden Wortauslaut entstanden sein, oder durch das Einfügen eines „d“, um das Aufeinandertreffen zweier Vokale zu vermeiden oder durch die Vermischung mit „dar“ oder „durch“.

Auch im Schwäbischen kennt man eine besondere Präfixverwendung, nämlich die mit „ver-“ statt hochdeutschem „er-“: „Do bin i gescheid verschrocka“ und „Do bin i schier verfrora“ sagt man für das bairische „Do bin i gscheid daschrocka/dakemma“ und „Do hejds mi boid dafread“.

Nicht nur süddeutsche Mundarten pflegen einen vom Standarddeutschen abweichenden Vorsilbengebrauch, sondern auch die niederdeutschen. Theodor Storm lässt in seiner Novelle „Der Schimmelreiter“, die in Nordfriesland spielt, den Vater des Protagonisten Hauke Haien sagen, als dieser bei stürmischem Wetter spät nach Hause kommt: „Was treibst du draußen? Du hättest ja versaufen können .... Hörst du mich nicht? Ich sag, du hättst versaufen können.“, worauf Hauke Haien antwortet: „Ja, ich bin doch nicht versoffen!“

Des daad ma stinga – Satzbau im Bairischen

Prof. Dr. em. Hans-Werner Eroms

„Bua, duast mia glei a weng heifa?“ fragt der Vater den Maxe, als er von der Schule heimkommt. „Voda, tun tut man ned sogn, hamma in da Schui gleant.“

Ja, wie steht es mit dem Satzbau im Bairischen? Darf man so frei heraus reden und die Regeln der Schriftsprache außer Acht lassen? Gewiss darf man das. Denn der Dialekt ist nun einmal die ursprüngliche Sprechweise. Das heißt überhaupt nicht, dass er im Gegensatz zur Schriftsprache ohne Regeln ist. Die Regeln sind nur andere, und sie haben immer alte, tiefgegründete Wurzeln. Schaut man nämlich in die Geschichte der Schriftsprache, dann erkennt man, dass sie auch auf dem Gebiet des Satzbaus aus den Mundarten hervorgegangen ist. Nur sind viele Regeln, die in der gesprochenen Sprache gegolten haben oder immer noch gelten, bei der Verschriftlichung des Deutschen abgestorben oder gar abgeschnitten worden.

Das ist ganz besonders deutlich bei den „Streckformen“ mit dem Zeitwort „tun“. Hier haben die Sprachpuristen schon in den vergangenen Jahrhunderten die Verwendung von „tun“ und anderer „Hülfs- und Flickwörter“, wie im 18. Jahrhundert gesagt wurde, als unfeine Redeweise verurteilt, allenfalls kennzeichneten sie sie als „altväterisch“. Doch haben sie dabei geflissentlich die Volkslieder („Herzlich tut mich erfreuen die schöne Sommerszeit“), die Kirchenlieder („Es tut Gott nichts gefallen denn was mir nützlich ist“) und selbst den Gebrauch bei den großen deutschen Dichtern übersehen. „Die Augen täten ihm sinken“ heißt es bei Goethe vom König in Thule. Hier haben wir also eine Ausdrucksweise, die nicht nur gang und gäbe war, sondern auch in die Poesie Eingang gefunden hat. Im Dialekt hat sie sich gehalten, ganz besonders im Bairischen. Nicht nur bei Fragen wie im obigen Beispiel, sondern auch bei Aufforderungen: „Dua di schicka!“, „Duads fei dablaim!“ und nicht zuletzt in gewöhnlichen Sätzen wird „tun“ verwendet, vor allem, wenn es sich um eine wiederkehrende Tätigkeiten handelt: „An Ialauwa iss, wou a Gwatia soucha dad".

Um zu sehen, dass mit dieser Ausdrucksweise nicht nur eine ältere Besonderheit des Deutschen bewahrt wird, sondern etwas grammatisch höchst Bedeutsames vorliegt, braucht man nur einen Blick auf das Englische zu werfen, das im Übrigen mit dem Bairischen eine ganze Menge Gemeinsamkeiten aufweist. Im Englischen kann nicht nur, sondern muss die „tun"-Umschreibung bei Fragen und bei Verneinungen verwendet werden. Da ist also im Gegensatz zum Schriftdeutschen diese Ausdrucksweise zur festen Regel geworden. Das Bairische hält hier einen Mittelweg ein. Man muss die „tun"-Umschreibung nicht verwenden, kann es aber tun. Wer sie gebraucht, nutzt ihre großen Vorteile: Auf diese Weise wird nämlich das wichtigste Wort hervorgehoben, meist wandert es an die letzte Stelle im Satz und wirkt dadurch nachdrücklicher. Noch ein weiterer Vorteil ist damit verbunden: Man spart sich die im Deutschen manchmal umständliche Beugungsform besonders der starken Verben. „I dua nema, du duast nema, er duat, wir duan" und so weiter statt „I nimm, du nimmst, er nimmt, wir nema". Das soll aber nicht heißen, dass diese Formen der Zeitwörter im Bairischen gänzlich verloren gingen. Im Gegenteil, im Konjunktiv sind sie bewahrt. Aber auch gerade beim Konjunktiv gibt es die Möglichkeit, die Umschreibungen mit „tun" einzusetzen. Das belegt schon Johann Andreas Schmeller in seinem berühmten Wörterbuch, wo er den Satz anführt „Hungern tuet mi net, aba dürstn", und den er so kommentiert: „was im Hochdeutschen nicht gleich kurz ausgedrückt werden kann."

Auch heute noch sind diese Formen im Bairischen verbreitet, und mehr denn je. So finden sie sich beispielsweise im Internet, wo ganz allgemein der Dialekt sehr zunimmt, weil er die ungezwungene Ausdrucksweise darstellt. „Mei, habts an Fuchs sei Auto frei schaufen miasn. Des dad ma stinga," schreibt eine Bloggerin „Des daad ma stinga" – gegen „des daad me sticka" sich ärgern – sich freuen. Solche und viele andere Gegensatzpaare lassen sich mit der Formulierung zum Ausdruck bringen.

Aber wie zu Anfang schon gesagt wurde, hier liegen die Mundart und die Schriftsprache mit ihren Regelansprüchen im Widerstreit. Das haben wir bei unseren Dialektaufnahmen für den Sprachatlas von Niederbayern immer wieder gesehen. Eine ältere Gewährsfrau sagte auf unsere Frage, ob man im Dialekt solche Sätze wie die oben angeführten sagen kann, „Naa, des sogma ned". In dem Augenblick kommt ihr kleiner Enkel herein und sie sagt zu ihm: „Gej, dua no a wenig wartn." Man kann sehen: Alles zu seiner Zeit, an seinem Ort. Schule und Schriftsprache verlangen (mit Recht) eine andere Ausdrucksweise als das ungezwungene Reden daheim oder mit Freunden. Im Dialekt jedenfalls herrscht eine große Vielfalt an Ausdrucksmöglichkeiten.

Es gibt noch viele andere Streitthemen, was den Satzbau betrifft. Ganz besonders erregt die Gemüter immer wieder die Wortstellung bei „weil": „Mia woin ma heid ned kema, wei mia hom koa Zeit ned." Auch hier schreibt die Schriftsprache etwas anderes vor, da muss es heißen: „...weil wir keine Zeit haben." Im Nebensatz steht das gebeugte Verb im deutschen Satz an letzter Stelle, wenn es im Dialekt auch Ausnahmen gibt, wie wir gleich noch sehen werden. Aber bei „weil" müsste es dort stehen. Da steht es auch in ungefähr der Hälfte aller solcher Sätze im Bairischen. In den anderen aber nicht. Das hat einen einfachen Grund: Im Bairischen – wie in fast allen deutschen Dialekten – gibt es das Bindewort „denn" nicht. Begründungen, die ja in der Sprache ständig gebraucht werden, kann man in der Schriftsprache nun mit „weil" oder aber mit „denn" geben. Die letzteren sind solche, bei denen man, weil man den Grund, den man anführt, für besonders wichtig hält, einen Hauptsatz bildet. Genau diesen Unterschied macht auch der Dialekt, verwendet dabei aber immer das eine Bindewort – ein Zeichen für die Ökonomie, nämlich im grammatischen Bereich mit möglichst wenigen Mitteln auszukommen, diese aber variabel und gezielt einzusetzen, wie es ja auch die „tun"-Formen zeigen.

Was nun die Wortstellung betrifft, so hat das Bairische eine Besonderheit, die ebenfalls sehr auffällig ist. „Er weiß, dass er den Vater hätte fragen sollen" heißt hier: „dass er den Vater fragen hätte sollen". Das gebeugte Verb steht also nicht am Schluss des Satzes. Ist das denn nun ein Fehler? Keineswegs.

Denn die Regel, dass diese Form am Ende des Satzes stehen muss, hat sich im Deutschen erst im Laufe von Jahrhunderten herausgebildet. Vor allem wenn die Verbgruppe aus mehreren Gliedern besteht – und das ist im Deutschen sehr häufig der Fall –, gibt es eine große Formenvielfalt. Diese ist nicht nur rein rechnerisch möglich, sondern kommt im Bairischen auch wirklich vor. Wenn auch nicht gleichmäßig über alle Regionen verteilt, so finden sich doch fast überall die folgenden Formen: „Ea woas, dass a an voda hed fragn solln" – „dass a an voda fragn hed solln" – „dass a an voda fragn solln hed" – „dass a an voda hed solln fragn" – „dass a hed an voda fragn solln". Der Dialekt spielt alle Möglichkeiten gleichsam durch, die häufigste aber ist ganz eindeutig „dass a an voda fragn hed solln", das ist somit die bairische Normalform, die eben anders ist als die schriftsprachlich verwendete.

Do om am Schreoud sitzt da Deoud und frisst in seiner Neoud a brekl Breoud

Geschichten aus der „Neuen Welt“ konnte erzählen, wer nach der Entdeckung durch Christoph Kolumbus im 15. Jahrhundert den amerikanischen Kontinent bereist hatte. Diese Bezeichnung hielt sich über viele Jahrhunderte hinweg, so betitelte in den 1890iger Jahren etwa der böhmische Komponist Antonin Dvořák die Symphonie Nr. 9, in der er seine musikalischen Eindrücke während eines mehrjährigen Amerika-Aufenthaltes verarbeitete, „Aus der Neuen Welt“. Heutzutage ist „Amerika“ die gängige Bezeichnung; keiner spricht mehr von der „Neuen Welt“ – es sei denn er kommt aus dem unteren Bayerischen Wald. Dann meint er aber nicht Amerika, sondern, sehr viel kleinräumiger, das Gebiet vor dem Dreisessel nördlich von Wegscheid.

Die Geschichte von Wegscheid lässt sich bis ins 12. Jahrhundert zurückverfolgen, das nördlich angrenzende weitläufige Waldgebiet dagegen wurde erst spät, im 17. Jahrhundert besiedelt. Der Passauer Fürstbischof Wenzeslaus Graf von Thun und Hohenstein, in dessen Herrschaftsbereich auch dieses Gebiet gehörte, war in finanziellen Nöten. Durch die Rodung des Waldes und die Ansiedelung fleißiger Getreide- und Flachsbauern erhoffte sich der Fürstbischof auf lange Sicht gute Einnahmen zur Unterstützung des bankrotten Bistums Passau. Um diesen Vorgang zu beschleunigen, gestand er den neuen Siedlern allerhand Vergünstigungen zu, so waren sie zum Beispiel für die ersten Jahre von der Ablieferung des Zehenten befreit. Für das so besiedelte Gebiet galt die geographische Bezeichnung „Neue Welt“, als sein Zentrum entwickelte sich Breitenberg, das ebenfalls den Beinamen „Neue Welt“ trug. Die Siedler kamen zum Beispiel aus dem südlichen Wegscheider Land und aus Österreich. Der Zulauf war enorm: bereits im Jahre 1800 zählte die Breitenberger Pfarrgemeinde mehr als 5000 Seelen.

Ist schon die Besiedelungsgeschichte der „Neuen Welt“ bemerkenswert, so ist es erst recht die Mundart, die sich in Breitenberg und der Region entwickelt hat – verursacht wohl durch eine spezielle Mischung der Siedler unterschiedlicher Herkunft und beeinflusst durch die unmittelbare Nachbar-

schaft zu Österreich. Einige mittelhochdeutsche Vokale wurden und werden hier komplett anders realisiert als im restlichen Bayern. Um den Reichtum an Zwielauten im oberen Bayerischen Wald darzustellen, wird häufig folgender Spruch zitiert: „Do om am Schroud sitzt da Doud und frisst in seiner Noud a brekl Broud.“ In der Mundart der „Neuen Welt“ wird sozusagen noch eins draufgesetzt: „Do om am Schreoud sitzt da Deoud und frisst in seiner Neoud a brekl Breoud.“ Aus dem Zwielaut (Diphthong) wird ein Dreilaut (Triphthong). Von dieser Lautung betroffen sind hauptsächlich Wörter, die mittelhochdeutsches „o“ enthalten: „Eouks“ („Ochse“), „Deouchta“ („Tochter“), „beoun“ („bohren“), „Leoun“ („Lohn“), „Reou“ („Rohr“). Aber auch mittelhochdeutsches „iu“ (wie „ü“ gesprochen, zum Beispiel „tiuvel“) und „ie“ (zum Beispiel „verliesen“, „ziehen“, „schießen“) werden mundartlich in dieser Weise realisiert: „Deoufö“ („Teufel“), „voleousn“ („verlieren“), „zeoung“ („ziehen“), „scheoußn“ („schießen“). Kommen in den eben genannten Beispielen die Vokale im Übermaß vor, so knausern die „Neuweltler“ damit bei anderen Lautkombinationen: Vokal + „l“ („Feld“, „Seele“, „Hölle“, „spielen“, „schälen“, „zwölf“) verschmelzen zu einem stark gerundeten Monophthong (Einlaut): „Föd“, „So“, „Hö“, „schpün“, „schön“, „zwöf“. Die beiden gerade beschriebenen Phänomene spiegeln sich wider in der mundartlichen Bezeichnung der Breitenberger für ihren Heimatort: Sie sind in der „Neou Wöd“ daheim.

Ganz anders sieht es aus bei der Kombination Vokal + „r“. „Beeren“ zum Beispiel sind „Ber“ (wobei das „r“ ganz deutlich als „r“ gesprochen wird), gleichgültig, ob es sich dabei um „Rouber“ („Erdbeeren“), „Möber“ („Himbeeren“) oder „Schwoazber“ („Heidelbeeren“) handelt. Besonders auffällig ist bei „i“ + „r“, dass nachfolgendes „ch“ wegfällt: „Bira“ („Birke“, mittelhochdeutsch „birche“), „da Baua und d‘Bairen hand e d‘Kira gfon“ („Kirche“), „de firt se ned“ („die fürchtet sich nicht“).

Erwähnenswert sind auch verschiedene Wortendungen. Zum Ausdruck der Verkleinerungssilbe „-lein/-chen“ sind zwei Varianten in Gebrauch, „-ai“ und „-ö“: „Schdiwö“ („Stüblein“), „Aigai“ („Äuglein“), „Lampai/Lampö“ („Lämmlein“). Was im bairischen Sprachraum gemeinhin als „Mil“ („Milch“), „Mol“ („Model“, zum Beispiel für Butter) oder „Ra(d)l“ gebräuchlich ist, lautet in der „Neou Wöd“ „Mi-u“, „Mo-u“ und „Ra-u“. Bei den ersten beiden Beispielen schlagen möglicherweise die althochdeutschen Lautungen bis in die Mundart durch: „miluh“ für „Milch“ und „modul“ für „Model“. Die Form „Ra-u“ kann durch einen Angleichungsprozess erklärt werden.

Auch im Bereich des Wortschatzes gibt es Bemerkenswertes aus der „Neuen Welt“ zu berichten. „Uns hand nai Kina gwen, seks Mäscha und drei Buam“ – eine kinderreiche Familie also. Wenngleich „das Mensch“ im heutigen Sprachgebrauch fast ausschließlich in abschätziger Weise verwendet wird, ist der mundartliche Gebrauch hier völlig wertneutral und meint „Mädchen“. Auf den Entstehungsvorgang verweist der Ausdruck „Söbern“, zu trennen in „Söb“ („selbst“) und „ern“ („ernten“), der die saure Milch bezeichnet, die sich sozusagen durch einfaches Stehenlassen „selber erntet“.
Die meisten lexikalischen Varianten, die in Bayern für die „Johannisbeere“ gebräuchlich sind, nehmen Bezug auf den Zeitpunkt der Reife um den Namenstag von Johannes dem Täufer herum – nicht so in der „Neuen Welt“. Hier werden die Johannisbeeren „Ribisl“ genannt, was sich aus dem mittellateinischen „Ribes“ herleitet; auch in den botanischen Namen „Ribes rubrum“ und „Ribes nigrum“ (rote und schwarze Johannisbeeren) findet sich das mundartliche „Ribisl“ unverkennbar wieder.

Wohl alle gerade beschriebenen lautlichen und lexikalischen Besonderheiten der „Neuen Welt“ sind durch die Nähe zur österreichischen Grenze beeinflusst und finden ihre Fortsetzung im benachbarten Oberösterreich. So auch die Bezeichnung für den „Schluckauf“, die mundartlichen Formen dafür haben lautmalerischen Charakter: während man im restlichen Bayern einen „Schnaggl“ oder „Schnaggla“ hat, stößt einen in der „Neuen Welt“ der „Hegetza“.

Sogst des sched, oda is des woa?

„Eh, hoid, fei, sched“ – kleine Wörter mit großer Wirkung. Sie sind in der gesprochenen Mundart sehr oft zu hören, dabei haben sie meist eine verstärkende Funktion oder steuern die Bedeutung des ganzen Satzes, in dem sie stehen. „Eh“ und „halt“ sind auch als Stichwörter im Duden verzeichnet. Beides wird hier als „landschaftlich“ eingestuft, „eh“ als „süddeutsch und österreichisch“ in der Bedeutung „sowieso“, und „halt“ unter anderem auch als „schweizerisch“ für „eben, wohl, ja, schon“.

Im Bairischen wird „eh“ tatsächlich zumeist in der Bedeutung „sowieso“ gebraucht: „Des is eh owei s'Gleiche“. „Eh“ kommt in Aussagesätzen und in Fragesätzen vor, auch wenn sie eine Verneinung enthalten: „Ea gehd eh mid“, „Ea gehd eh ned mid“, „Gehd a eh mid?“, „Gehd a eh ned mid?“, „Gehd a ned eh mid?“ In den beiden letzten Beispielen wechselt „eh“ die Position im Satz und verursacht dadurch einen, wenn auch nur geringfügigen Bedeutungsunterschied: Bei „Gehd a eh ned mid?“ vermutet der Fragende, dass „er nicht mitgeht“, bei „Gehd a ned eh mid?“ dagegen, dass „er mitgeht“, fragt aber jeweils zur Bestätigung seiner Vermutung nochmal nach. In Aufforderungen kann „eh“ nicht stehen: „Geh eh mid!“ oder „Geh eh ned mid!“ ist in der Mundart nicht möglich. In den genannten Beispielsätzen kommt die ursprüngliche Bedeutung von „eh“, nämlich „ehe, zuvor, vorher“ (mittelhochdeutsch „ê“) nicht mehr zum Tragen, bei anderen Gelegenheiten schlägt sie aber vereinzelt doch noch durch: „Hon i da's ned eh gsogt?“ oder „Des hon i eh gwisst“ verweisen eindeutig auf eine „Vorher-Situation“, auf bereits zuvor Bekanntes.

Mundartliches „hoid“ dagegen hat die Verbindung zum mittelhochdeutschen „halt“ mit der Bedeutung „mehr, vielmehr“ komplett verloren. Es wird im Dialekt im Sinne von „eben“ verwendet: „Des is hoid a so“. Bemerkenswert ist auch die oft gehörte Kombination „eben halt“ im gesprochenen Hochdeutschen.

Im Gegensatz zu „eh“ kann „hoid“ auch in Aufforderungen mit oder ohne Verneinung stehen: „Sog's hoid!“, „Sog's hoid ned!“. Hier ist die hochdeutsche Entsprechung „doch“. Fragesätze wie „Sogstas hoid?“ oder „Sogstas hoid ned?“ gehen dagegen nicht. Nicht immer deckt sich die Bedeutung von mundartlichem „hoid“ mit hochdeutschem „eben“ oder „doch“ eins zu eins. Bei „I kon's hoid ned bessa“ zum Beispiel schwingt ein Bedauern mit, das dem „eben“ noch ein „leider“ anfügen lässt. Ein genervt geäußertes „Gib hoid amoi an Rouh/Ruah“ wird eher mit hochdeutschem „doch endlich“ getroffen als nur mit „doch“.

Mundartliches „fei“ kommt von mittelhochdeutsch „fîn“ für „fein, schön“ und nur in dieser Bedeutung ist „fein“ auch im Duden zu finden. Im Bairischen ist das „n“ weggefallen, es klingt nur noch in der meist nasalierten Aussprache des „ei“ nach, mit der ursprünglichen Bedeutung hat es aber nichts mehr gemein. Es kann in Aussagesätzen mit und ohne Verneinung stehen, zum Beispiel „I kim fei aa.“ oder „I kim fei ned.“, ebenso in Aufforderungen: „Kim fei!“, „Sogs fei ned!“, nicht aber in Fragesätzen: „Kimmst du fei?“ Im Hochdeutschen gibt es kaum stimmige Einwort-Entsprechungen für mundartliches „fei“, die dessen Bedeutung exakt wiedergeben. Oft bedarf es eines mehr oder weniger umfangreichen Kontextes, um die jeweiligen Facetten annähernd zu erfassen, die „fei“ bietet: „Des deafst fei ned doa!“ beinhaltet mehr Drohung und Warnung als „Das darfst du aber nicht tun“, was zum Beispiel durch „unter keinen Umständen“ ergänzt werden müsste, außerdem ist auch ein „Weißt du das nicht?“ herauszuhören. „Des hon i fei sejwa gmocht“, hier schwingt zum einen ein wenig Stolz mit, zum anderen wird ein konkreter Bezug zur Erwartungshaltung des Gegenübers hergestellt im Sinne von „Das hättest du mir nicht zugetraut!“. Ähnliches gilt für „I geh fei aa mid“, das gleichzeitig „Ihr habt gedacht, ich gehe nicht mit…“ meint.

Insgesamt signalisiert die Verwendung von „fei“, dass der Satz eine neue Information enthält, während „eh“ und „halt“ bereits bekannte Sachverhalte kennzeichnen.

Genau wie „fei“ ist auch „sched“ in dieser Form nicht im Duden enthalten. „Sched“ wird in der Mundart meist im Sinne von „nur, bloß“ gebraucht, es geht zurück auf mittelhochdeutsches „slëhte, slëht“ in der Bedeutung von „schlicht, einfach, schlechthin“. „Sched“ ist also eine Lautvariante von „schlecht“, welches in seiner lautlichen Entwicklung das „l“ ausgestoßen und die Kombination „-cht“ auf „-t“ bzw. „-d“ reduziert hat, wie es etwa auch bei „Knecht“ und dialektalem „Kned“ der Fall ist. Während „eh“, „hoid“ und „fei“ gesamtbairisch bekannt und gebräuchlich sind, ist das Vorkommen von „sched“ räumlich begrenzt, in Niederbayern zum Beispiel kommt es nur nördlich der Donau im Bayerischen Wald vor, außerdem auch noch in der Hallertau.

Wie bereits angedeutet, wird es mundartlich mit der Bedeutung „nur, bloß“ verwendet, und zwar kann „sched“ dabei gleichermaßen in Aussagesätzen, Fragesätzen und Aufforderungen stehen: „ Braugst me sched frong, nachand sogadas.“, „I sog das ja sched.“, „Legs sched am Bon hi!“,“Sogst des sched, oda is des woa?“

Und noch eine weitere, eher temporale Bedeutungskomponente kann mit dem Gebrauch von „sched“ ins Spiel kommen: „Sched hear i af“ („…mit der Arbeit, wenn du zu Besuch kommst“). Hier wird „sched“ auch häufig mit „gred“ kombiniert, meist sogar, der leichteren Aussprache wegen, zu einem Wort zusammengezogen: („Als er gemerkt hat, wie weit es noch ist …) „… hod a schegred wieda umdraht.“

Blea ned a so!

Tierkinder sind ein wichtiges Kapital im Rahmen der Nutztierhaltung. Zum einen sichern sie den Erhalt des eigenen Tierbestandes, zum anderen lässt ihr Verkauf willkommenermaßen die Kasse klingeln. Dies ist nicht erst im Zeitalter von Massentierhaltung und Großökonomie so, sondern galt auch im kleinbäuerlichen Bereich – in sicherer Vorausschau auf dessen Aussterben in der Zukunft wird hier bewusst die Vergangenheitsform gewählt.

Der Umgang mit den Tieren, besonders auch mit den Jungtieren, war bei kleiner Stückzahl „persönlicher", als er es verständlicherweise in Großbetrieben sein kann. Dies äußerte sich beispielsweise darin, dass an jedes Tier ein Eigenname vergeben wurde. Vor allem bei den Kühen und Kälbern war das der Fall. Die allgemeine Bezeichnung für das Kalb ist in Niederbayern „Keiwe" oder „Keiwal" vom mittelhochdeutschen „Kelbel, Kelbelîn". Darüberhinaus kennt man das Kalb südlich der Donau auch als „Betzal", obwohl diese Benennung sonst meist für das junge Schaf gebräuchlich ist. Auch bei J.A. Schmeller im Bayerischen Wörterbuch von 1872 steht das „Bätzelein" für das „Schäfchen". Daneben wird es auch noch als „Lampe" (mit hellem „a") bezeichnet, das vom mittelhochdeutschen „Lembelin, Lembel" kommt. Das altertümliche „b/p" hat sich hier in der Mundart erhalten, ebenso in „Lampm" (mit dunklem „a"), das auf mittelhochdeutsch „Lamp" zurückgeht und im Bayerischen Wald das Mutterschaf meint, wenn es nicht einfach „Schof" genannt wird. Für die Ziege gibt es neben dem allgemein in der Mundart gebräuchlichen „Goas" auf niederbayerischem Gebiet auch noch die Bezeichnung „Hepm", für das Ziegenjunge „Hewal", welche auch in den Wörterbüchern von Schmeller und Grimm aufgeführt werden. Das junge Huhn, das Küken, wird in Niederbayern und auch darüber hinaus

„Singal“ genannt, ganz im Nordosten „Singai“ mit vokalischer Verkleinerungsform. Daneben kennt man es auch als „Biwal“, vereinzelt auch als „Schbazal“ (mit hellem „a“). Während die mundartliche Variante von „Spätzlein“ wohl mit dem Vergleich „so klein wie ein Spatz“ erklärt werden kann, scheinen sich „Singal“ und „Biwal“ aus menschlichen Lockrufen entwickelt zu haben, die meist den entsprechenden Tierlauten nachempfunden sind: mit „sing-sing-sing“ oder „bi-bi-bib“ werden die Küken angelockt.

Die Bezeichnung für das junge Schwein, standarddeutsch „Ferkel“ geht zurück auf mittelhochdeutsches „Varch“ und die Verkleinerungsform „Verhelîn“ und lautet in der Mundart „Fakl“, „Fakal“ oder „Faal“ (alle mit hellem „a“). Häufig wird das Ferkel aber auch „Sukal“ oder „Suugal“ genannt, was sich wiederum mit großer Wahrscheinlichkeit vom Lockruf „Suck, suck“ oder „Sucke, sucke“ herleitet. Nicht von der Hand zu weisen

ist aber auch die Verbindung zum mittelhochdeutschen „sûgen, suggeln“, das sich lautgesetzlich zum hochdeutschen „saugen“ entwickelt hat. Weitere Namensvarianten für das Ferkel sind „Zudschal“ und „Zuzal“. Auch zu dem genannten Lockruf, mit dem die Schweine herbeigerufen werden, gibt es Alternativen, wie zum Beispiel „Tsu, tsu“, „Hudsch, hudsch“, „Tsch, tsch“, „Wuds, wuds“. Gegenteilige Wirkung sollte der Ruf „Hussa, hussa“ haben, nämlich die Schweine zu verjagen, wenn sie etwa den bäuerlichen Gemüsegarten heimsuchten. J.A. Schmeller führt im Bayerischen Wörterbuch diesen Ausruf auf mittelhochdeutsch „hussen“ für „hetzen, reizen“ zurück. In der Mundart findet „hussen“ in dieser Bedeutung auch im zwischenmenschlichen Bereich noch Verwendung.

Nicht nur für Hühner und Schweine, auch für die Kühe gab es Lockrufe, die sie dazu bewegen sollten, zum Beispiel von der Weide Richtung heimatlicher Stall aufzubrechen: „Ho-o, ho-o“ verzeichnet bereits Schmeller mit der Bedeutung „Ruf an das uneingespannte Rindvieh, wenn man es zum kommen ermuntern will“. Dieselbe Funktion hatte „ Kuul, kuul“, oder „Kuul geh, kuul geh“, welches eine sonst eher ungebräuchlich Verkleinerungsform von „Kuh“ ist.

Die Kommunikation verläuft aber nicht nur in der Richtung vom Menschen zum Tier, auch die Tiere versuchen auf sich und ihre Bedürfnisse aufmerksam zu machen. Die Henne hört man „gagatzn“ oder „gogatzn“, wenn sie ein Ei legt, dagegen hört man sie „glugatzn“ oder „glungatzn“, wenn sie ihre Küken um sich scharen will. „Blean“ tut das Kalb, mitunter auch das Schaf. Der Ausdruck kommt vom mittelhochdeutschen „blêren“ und entspricht hochdeutschem „plärren“, er ist im gesamten niederbayerischen Raum und darüber hinaus geläufig. Regional eher kleinräumig sagt man vor allem beim Schaf „blcka“ oder „blegn“, was auf mittelhochdeutsch „plecken“ zurückgeht und sich im Hochdeutschen als „blöken“ manifestiert hat. Vereinzelt gibt es auch die Bezeichnung „blaazn“ (mit hellem „a“), die auch bereits schon im Mittelhochdeutschen mit „blâzen“ in der Bedeutung „blöken“ belegt ist. Für die Laute der Ziege gibt es ebenfalls verschiedene Varianten in regionaler Verteilung: „begatzn“, das auch Schmeller schon kennt, allerdings auch für das Rindvieh; „hewaln“, das wohl von dem bei Schmeller verzeichneten „Heppe, Heppelein“ für „Ziege“ herrührt; „megatzn“, „megln“, welches bei Schmeller mit „mekezen, mekelen“ aufgeführt ist und hochdeutschem „meckern“ entspricht.

Viele der Bezeichnungen für tierische Lautäußerungen werden in der Mundart wie auch im Hochdeutschen auf menschliche Eigenheiten übertragen: „Blea ned a so!“ sagt man zu einem, der sich überlaut artikuliert, „Du hosd owei eps zum megln“ zu einem notorischen Kritisierer, „Lus, wej dea umananda gagatzt“ über jemanden, der verbal herumeiert und nicht auf den Punkt kommt.

Bei uns hod no nia neamt koan Hunga ned leidn miassn

„... weil koana nix richtigs ned woas ..." – im Hochdeutschen wäre dieser Satz unkorrekt und unverständlich, im Bairischen ist er sogar fernsehtauglich: die Theres äußert ihn in der Sendung „Dahoam ist dahoam" am 27.03.2012. Einem Mundartsprecher fällt eine Konstruktion mit dreifacher Verneinung nicht weiter auf. Ein standardsprachlicher Satz wie „Kein Bayer sagt das nicht" mit doppelter Verneinung dagegen löst Überlegungen aus, was wohl gemeint sein könnte, die schließlich darin enden müssen, dass sich die beiden Negationswörter „kein" und „nicht" aufheben und eigentlich gemeint ist: „Jeder Bayer sagt das". Aus der doppelten Verneinung wird also eine Bejahung. Ganz anders im Bairischen: die doppelte oder dreifache Verneinung bekräftigt den „negativen" Sachverhalt. „Er hod koa Woad ned gsogt" meint mehr als „nichts sagen", es schwingt fast ein innerlicher Anlass des Schweigens mit.

In früherer Zeit war dieses Phänomen nicht nur auf die Mundart beschränkt. Es ist auch in Dichtungen des Mittelalters zu finden, so zum Beispiel bei Gottfried von Straßburg um 1210: „...daz umbe ir reise und umbe ir vart nie nieman nichtes inne wart"(„...dass um ihre Reise und ihre Fahrt nie niemand nichts inne wurde/erfuhr"). Auch hier wirkt die mehrfache Verneinung verstärkend und soll betonen, dass auf keinen Fall jemand von der Reise erfahren dürfe.

Gut 300 Jahre später übersetzte Martin Luther die lateinische Bibel ins Deutsche und prägte damit die deutsche Schriftsprache maßgeblich. Einer seiner engen Mitarbeiter, der dabei Protokoll führte, war Georg Rörer, ein geborener Deggendorfer. In seinen Aufzeichnungen finden sich zwar Doppelnegationen, „von der Historien weis noch niemands nichts" (Hosea, V,1), „...Zeen, die dem brod ken leid nicht thun" (Amos, IV,6); in den Text des Alten Testamentes wurden sie von Luther jedoch nicht aufgenommen.

In heutiger Zeit stößt man in geschriebenen Texten nur auf mehrfache Verneinung, wenn es sich um die Verschriftung von Mundart handelt, das heißt wenn zum Beispiel gesprochene Erzähltexte niedergeschrieben wurden. Für das tatsächliche Vorkommen von Doppel- und Dreifachnegation spielen verschiedene Faktoren eine Rolle. Zum einen kommt es auf die Erzählsituation an. Oftmals wird von vergangenen Begebenheiten oder Verhältnissen erzählt, die in Kontrast zur Gegenwart stehen. Zum anderen ist es natürlich wichtig, worüber erzählt wird, das heißt bestimmte Sachverhalte werden mit Hilfe der Mehrfachverneinung gegen andere Möglichkeiten abgegrenzt. Auf beides trifft man recht häufig in den Textsammlungen von Prof. Dr. Reinhard Haller. „...und koan Intaschditzung hods dazumal ned gem...“. Hier betont der Erzähler die schlechte finanzielle Situation von früher im Gegensatz zur besseren heutzutage. „Owa a Bachdroo muaß saa, do wou koa aisana Nogl ned dabai iis...“, nicht irgendein beliebiger Backtrog also, denn sonst setzt sich der Teufel nicht hinein, wenn man den Trog in der Mettennacht ums Haus ziehen will. Auch bei dem Glasmacher, den in der Mettennacht die Wilde Jagd mitgerissen hat, war es ausschlaggebend, dass er kein gottesfürchtiger Mann war, sondern „goa koan Glaum ned ghod hod.“

Es gibt in der Mundart wie auch im Hochdeutschen unterschiedliche Möglichkeiten, eine Aussage zu verneinen. „Koa, ned, nimma, niks, niagands, neamad, neamt“ sind nur einige. Sie können jedoch nicht in beliebiger Menge und Auswahl in einem Satz untergebracht werden, sondern ihre Verwendung ist einer gewissen Regelhaftigkeit unterworfen. Dabei spielt die Satzkonstruktion eine wichtige Rolle. Wird allein eine Satzaussage, wie „Zeit haben“, „Geld haben“ verneint, so geht zum Beispiel „koa“ zusammen mit „ned“ oder „nimmer“: „I hon koa Zeit ned“, „I hon koa Gejd nimma“. Mit „neamt“ kann „koa“ nur in der Kombination „koa Mensch neamt“ vorkommen, und das auch nur, wenn beide Negationswörter direkt nebeneinander stehen und das Subjekt des Satzes verneint werden soll: „Mia hod koa Mensch neamt khoifa“. Diese Variante ist am ehesten südlich der Donau anzutreffen. „Koa“ und „ned“ dagegen können nicht unmittelbar aufeinanderfolgen, außerdem muss „ned“ immer an zweiter Position nach „koa“ stehen. „I hon koa ned Zeit“ oder „I hon ned koa Zeit“ sind also nicht möglich, „I hon koa Zeit ned“ jedoch schon.

Breiter wird der Spielraum, wenn noch weitere Satzteile negativ formuliert werden: „Mia hod no nia neamt niks gschenkt“ oder „Bei uns hod no nia neamt koan Hunga ned leidn miassn“. Das sind nun natürlich Konstruktionen, die man äußerst selten zu hören bekommen wird. Von der Grammatik her sind sie zwar möglich, doch selbst von Mundartsprechern werden sie als zu kompliziert und aufwendig eingestuft.

Erstaunlich bleiben jedoch die vielfältigen Möglichkeiten, einen standardsprachlichen Satz wie „Flachs wird nicht mehr angebaut“ im Bairischen mittels einfacher oder mehrfacher Verneinung auszudrücken:
A Flachs wiad nimma obaut.
Flachs wiad koana mea obaut.
Koa Flachs wiad mea obaut.
Koa Flachs wiad nimma obaut.
Koa Flachs wiad koana mea obaut.
(Diese Beispielssätze sind dem Material des Sprachatlas' von Niederbayern entnommen, in dessen erstem Band unter anderem die Verneinung behandelt wird.)

Es ist nun nicht so, dass jeder Bairisch-Sprecher ständig doppelt, dreifach oder gar vierfach verneinen würde, dieses Phänomen scheint sozusagen eher „passiv“ vorhanden zu sein und nur gelegentlich an die Oberfläche zu treten, dies jedoch – wie das eingangs erwähnte Beispiel aus der Fernsehserie zeigt – nicht nur im eng begrenzten privaten oder regionalen Bereich.

Auch scheint es nicht nur zum Sprachschatz der „einfachen Leute“ zu gehören. In den 50er Jahren des letzten Jahrhunderts heißt es von einem Arzt (ein abergläubischer zwar, doch in dieser Zeit immerhin eine gelehrte, „höherstehende“ Person in der Dorfgemeinschaft; dieser Satz stammt aus den Texten von Prof. Haller) angesichts eines anscheinend verhexten Säuglings: „Ja“, sogt da Doggda, „merkens Ihnen, vor den sechs Wochen darf keine alte Frau kein Kind nicht anschauen!“

Heid hun i an Schel af wej an Impmfassl

Mücken, Bremsen, Wespen und ähnliche Insekten sind für die meisten Menschen eher unangenehme Zeitgenossen. Gerade bei sommerlichen Temperaturen, wenn man viel Zeit im Freien verbringt, werden sie oft zur Plage und man sucht nach Abhilfe. So kann beim Baden die Wahl des Ortes viel bewirken, wie schon im 16. Jahrhundert in den „Fastnachtspielen" von Hans Sachs zu lesen ist: „Da woll wir uns paden, oben unter der steinen Prucken, do peiszen uns weder Premen noch Mugken".

Die „Mücke" kommt bis heute in der mundartlichen Redewendung „jemanden auf der Muck haben" vor, wenngleich in übertragener Bedeutung: Mücke meint hier ursprünglich das „Korn", das zur Zielvorrichtung am Gewehr gehört, vergleichbar ist auch die hochdeutsche Redensart „jemanden aufs Korn nehmen". „Den hon i scho lang af da Muck" heißt demnach „Der sticht mir schon lange unangenehm oder verdächtig ins Auge".

Der Insektenname „Mücke" bezeichnet im Norden und in der Mitte Deutschlands die Stechmücke, die vor allem nachts durch nervenaufreibendes Surren und Stechen den Schlaf raubt. Im südlichen Teil Deutschlands und damit auch in Bayern nennt man meist ganz kleine, lästige Fliegen „Muck" oder „Muggal". Die Stechmücke dagegen heißt vom Fränkischen bis in die Oberpfalz hinein und in Schwaben, zum Teil auch in Oberbayern (Ammersee und südlich davon) „Schnog", „Schnoug" oder „Schnag", meist mit männlichem Artikel; der Ausdruck geht zurück auf mittelhochdeutsch „Snake". Südlich von Weiden, im gesamten Niederbayern und im größten Teil Oberbayerns werden wir von "Staunzn" oder „Stanzn" geplagt, die Herkunft dieses Wortes liegt im Dunkeln. Hauptsächlich in Österreich verbreitet ist die „Gelse", mundartlich „Göjsn" oder „Gejsn", und hieß bereits im Mittelhochdeutschen „Gelse". Das mittelhochdeutsche Verb „gelsen" mit der Bedeutung „gellen, schreien, heulen" hängt ebenfalls damit zusammen und verweist wohl auf das laute Geräusch der Stechmücke. Daher kommt auch der mundartliche Ausdruck „gejsln" für lautes Schreien, zum Beispiel vor Schmerz.

Machen sich Mücken und Staunzen durch ihr aufdringliches Summen bemerkbar, so kommt die Bremse lautlos daher und man bemerkt sie erst, wenn sie sticht. Im Mittelhochdeutschen wird „Brëme" der männliche Artikel zugeordnet, zum Neuhochdeutschen hin kam es zum Genuswechsel: „die Bremse" ist weiblich. Das Bairische hat mit „da Brem" die alte männliche Form bewahrt. Besonders bei heißer und schwüler Wetterlage sind die Bremsen angriffslustig, laut einer mittelalterlichen Weisheit ist aber zum Ende des Sommers hin wohl das Gröbste überstanden: „Der Bremen Hochgezît zergat, so der Ougest Ende hat". Auch in einer mundartlichen Redensart hat „da Brem" sich festgesetzt; von jemandem, der orientierungslos und hektisch umherirrt, sagt man „Der doud umananda wej a blinta Brem".

Die Biene ist das nützlichste der hier besprochenen Insekten. J.A. Schmeller führt im „Bairischen Wörterbuch" als bairische Lautung „Bei" (von mittelhochdeutsch „Bîe") an, wobei es sich hier jedoch um eine veraltete Form handelt, die kaum noch gebräuchlich ist. Der übliche Ausdruck für „Biene" ist in der Mundart „da Imp", hergeleitet vom mittelhochdeutschen „Imbe" bzw. althochdeutschem „Impi". In Niederbayern ist vereinzelt „Bai" im äußersten Südosten und „Bi" im äußersten Nordwesten zu hören. Laut Grimm'schem „Deutschem Wörterbuch" gab es ursprünglich die Unterscheidung zwischen „Biene" als einzelnem Tier und dem „Imb/Imp" als Kollektivbezeichnung für den Bienenschwarm. Im 19. Jahrhundert konnte nach J.A. Schmeller der „Imp" sowohl das Bienen-Individuum als auch den Schwarm bezeichnen. In der heutigen mundartlichen Realisierung meint der „Imp" in der Regel die einzelne Biene, das Kollektivum ist der „Schwoam" oder der „Stock". Wie es in einem Bienenstock zugeht, weiß am besten, wer tags zuvor zu tief ins Glas geschaut hat und dann das Gefühl in seinem Kopf beschreibt: „Heid hun i an Schel af wej an Impmfassl" (aus dem volkskundlichen Fundus von Prof. Dr. Reinhard Haller).

Schmerzhaft sind die Stiche von Wespen. Im Mittelhochdeutschen waren für „Wefse, Webse, Wespe" sowohl der männliche als auch der weiblich Artikel möglich, das Standarddeutsche hat sich für den weiblichen entschieden („die Wespe"), die Mundart für den männlichen („da Wess/Weps"). Dass Wespen sehr aggressiv reagieren, wenn sie in ihrer Behausung gestört werden, ist bekannt. Die auf den Menschen übertragene Redensart „Do host in a Wessnnest einegstrieglt/einegstocha“ beschreibt eine ähnliche Reaktion, wenn etwas recht Peinliches oder Ärgerliches angesprochen wird, das der Betroffene nicht öffentlich thematisieren möchte.

Mehr noch als die Wespe ist die Hornisse gefürchtet. Althochdeutsch „Hornûz“ war männlichen Geschlechts und auf der ersten Silbe betont, die bairische Mundart hat nicht nur dies übernommen, sondern auch die lautgeschichtliche Entwicklung des „û“ zu „au“ konserviert in den Formen „Hornaus“ oder „Hurnaus“. Die dreisilbige Variante mit weiblichem Artikel und Betonung auf der zweiten Silbe, die die Standardsprache kennt, hat sich im 16. Jahrhundert herausgebildet. Die Bezeichnung „Hornisse“ bzw. „Hurnaus“ wird in manchen Wörterbüchern so erklärt, dass sie das Geräusch, das das Tier beim Fliegen verursacht und das dem Klang eines Horns entfernt ähnlich sein soll, lautmalerisch kopiert, was zwar ein wenig weit hergeholt scheint, aber die einzige Bedeutungserklärung ist. Bedenklich ist auch die Vorgehensweise, die ein „Oeconomisches Lexikon“ aus dem 18. Jahrhundert bei einem Hornissenstich empfiehlt: „...wenn ein Mensch von einer Hornisse gestochen ist, soll man etliche Fliegen fangen und auf dem Stich zerdrucken“.

Zauf, meine Öchsl, zauf!

Bevor das High-Tech-Zeitalter auch in der landwirtschaftlichen Arbeit Einzug gehalten hat, gehörte der Umgang mit Nutztieren – von Pferden und Kühen bis hin zum Federvieh – zum täglichen Leben im ländlich-bäuerlichen Bereich.

Das Pferd diente neben Ochse und Kuh als Zugtier. Im gesamten bairischen Sprachraum ist der gebräuchliche Ausdruck „Ros" der bereits im Althochdeutschen und im Mittelhochdeutschen genauso lautete. Der „Gaul" ist bekannt, wird aber meist nicht als mundartlich eingestuft. „Heita" („Häuter" von mittelhochdeutsch „Hût/Hiute" für „Haut/Häute") bezeichnet im gesamten niederbayerischen Raum sowie auch im angrenzenden Oberpfälzischen und Oberbayerischen das alte, ausgemergelte Pferd; für ein begrenztes Gebiet im Landkreis Regen typisch ist dabei „Häta" mit einfachem Vokal anstelle des Zwielautes. Daneben ist in derselben Bedeutung auch der oder die „Krampm" bekannt (wohl eine Bedeutungsübertragung von mittelhochdeutsch „Krampe", „Nagel, Haken" und auch mit mittelhochdeutsch „krump", „krumm" zusammenhängend).

Damit die Zusammenarbeit von Mensch und Tier funktionierte, wurde das Zugtier nicht nur mechanisch, sondern auch per Zuruf gelenkt: „Wia" als Aufforderung zum Weitergehen ist im gesamten mittelbairischen Sprachraum üblich. Für das Kommando zum Stehenbleiben gibt es vielfältige lautliche Variationen: „Jou", „E-ou", „Je-u", „Ouha", „Eha" – dies nur als kleine Auswahl. Außerdem ist westlich der Isar und vor allem nördlich der Donau sowie auch im angrenzenden Böhmischen der Zuruf „Brr!" geläufig.

„Zruck", „Zruckaus" oder „Geh zruck!" fordert das Pferd auf, rückwärts zu gehen. In einigen Orten zwischen Donau und Ilz (zum Beispiel Außernzell, Lembach, Thurmannsbang, Eging) wurde in dieser Funktion „Vaich-o", auch „Vaigs-o" gebraucht, die Herkunft dieses Ausdrucks ist nicht eindeutig zu klären. Im unteren Wald (zum Beispiel Grainet, Haidmühle, Breitenberg) kennt man „Zauv" (von „zaufen" ‚zurückgehen'), nordwestlich davon (zum

Beispiel Bodenmais, Brandten, Zwiesel) waren Varianten von „Hüif!“ („Huiv-o!“, „Hiv!“, „Huv-o!“) bekannt, das mit „hufen“ in der Bedeutung ‚Zurückweichen‘ zusammenhängt.

Als Kommando ‚nach rechts!‘ ist „Hott!“ geläufig, südlich der Rott (zum Beispiel Pocking, Malching, Kößlarn) ist von früherem „Hottí“ nur die betonte zweite Silbe erhalten und der Zuruf lautet „Di!“, „Dü!“. Sprachhistorisch ist eine Verbindung mit „Hand“ vorstellbar, wird doch das rechte Zugtier eines Gespannes „Handros“ bzw. „Handochs“ genannt. Zu belegen ist diese Deutung in den Wörterbüchern allerdings nicht.

Nach links wird das Zugtier mit „Wister!“ gelenkt. Dieses Wort leitet sich von althochdeutsch „winistar“, mittelhochdeutsch „winster“ her. Bis zum Beginn des 13. Jahrhunderts war „winster“ die allgemeine und einzige Bezeichnung für „links“‘, seit dem 15. Jahrhundert haben sich allgemeinsprachlich „tengg“ (von mittelhochdeutsch „tenc“) und „links“ (von mittelhochdeutsch „linc“) durchgesetzt. „Winster“ bzw. „wister“ blieb nur in der Funktion als Zuruf für Zugtiere erhalten. In dem Gebiet zwischen Isar und Inn überwiegt die dreisilbige Variante „Wisterha!“, im Grenzgebiet zu Tschechien (zum Beispiel Haidmühle, Finsterau, Altreichenau) kommt „Hü!“, „Hü-ume!“ vor.

Wüsste man nicht, dass die Dichterin Emerenz Meier in ihrem Gedicht „Wödaschwüln“ von Liebe, Leidenschaft, Eifersucht und drastischen Rachegelüsten eines Betrogenen erzählt, so müsste man meinen, sie hätte es als literarische Beweisführung für Lautung und Verteilung der Lenkrufe für Zugtiere verfasst.

In der ersten Strophe kommandiert der Protagonist seine den Pflug ziehenden Ochsen nach links: „Hüh, meine Öchsl, hü!“, in der zweiten Strophe nach rechts: „Hott, meine Öchsl, hott!“. In der dritten Strophe werden sie zum Weitergehen aufgefordert: „Wüah, meine Öchsl, wüah!“, in der vierten zum Rückwärtsgehen: „Zauf, meine Öchsl, zauf!“. Als dann in der letzten Strophe das erwartete Unwetter hereinbricht, sollen die Ochsen stehen bleiben: „Aoh, meine Öchsl, aoh!“.

Preisfrage: Aus welcher Ecke Niederbayerns stammt – wenn man die verwendeten Zurufe betrachtet – Emerenz Meier?

Ob nun das Tier den jeweiligen Kommandos – sowohl im Gedicht als auch im wirklichen Leben – Folge leisten wollte, hing natürlich nicht zuletzt von dessen gutem Willen ab. War der nicht vorhanden, gestaltete sich die Zusammenarbeit schwierig. Dieses Problem hat sich allerdings mittlerweile erledigt: Der Traktor, der den elektronisch gesteuerten Pflug zieht, reagiert nicht auf Zuruf, er gibt sich mit regelmäßigen Tankfüllungen zufrieden. Bezeichnet wird er mundartlich als „Bulldog“, zum Teil mit vokalisiertem „l“- als „Buidog“, dies wiederum war der Name eines Zuggerätes der Firma Lanz, der sich umgangssprachlich als allgemeine Benennung für den Traktor oder Ackerschlepper durchsetzte.

Für den Wortschatz, der zu der früheren Arbeitstechnik gehörte, gibt es so gut wie keine Verwendung mehr.

Anders sieht es mit den Lautäußerungen des Tieres aus, diese sind – wenngleich nicht so vielgestaltig wie die des Menschen – keinem zeitlichen Wandel unterworfen. Das Pferd wiehert nach wie vor, und zwar in ganz Bayern und seit mindestens mittelhochdeutscher Zeit (mittelhochdeutsch „wiheren“). Mundartliche Varianten des lautnachahmenden Ausdrucks sind „wi-an“, „wihan“, „wihain“. Daneben kennt man nördlich der Donau sowie auch zwischen Isar und Inn auf mittelhochdeutsch „rücheln“ („wiehern“, „brüllen“) zurückgehendes „rihen“, „rihain“, „rigln“.

Hã-ea-e-oi-Joa-oã-Oa-oe!

Dr. Rosemarie Spannbauer-Pollmann

Viel braucht der Bayer im Zweifelsfall nicht, um klarzustellen, dass er stets seiner österlichen Nachbarspflicht nachgekommen ist. „Hã-ea-e-oi-Joa-oã-Oa-oe!", stellt er fest – und kommt dabei fast ohne jeden Konsonanten (Mitlaut) aus. Für alle, deren Muttersprache das Mittelbairische ist, ist damit klar, dass der Sprecher den besagten Nachbarn selbstverständlich jedes Jahr Eier vorbeigebracht hat.

Mittelbairisch, das ist der Dialekt, wie er in Niederbayern unterhalb einer fast waagrechten Linie von Regen bis Kelheim gesprochen wird sowie in ganz Oberbayern außer einer nördlichen Region oberhalb Ingolstadt (dort herrscht nordbairischer Dialekt). Auch in diesem Dialektraum dreht sich um Ostern alles ums „Oa" – oder um die „Oija" oder „Oar(r)".

„Hã-ea-e-oi-Joa-oã-Oa-oe!" Manchem Hörer fehlen bei diesem Satz aber nicht nur die Mitlaute. Er stolpert auch über eine ungewöhnliche Konstruktion. „Habe ihnen eh alle Jahre ein Eier (ab)hin gebracht" – nanu, ein Eier? Dialektsprecher aus dem südlichen Landkreis Passau, aus dem Landkreis Pfarrkirchen sowie aus den Teilen der Landkreise Deggendorf und Landau, die von Isar und Donau im Süden begrenzt sind, kennen diese besondere Verwendung von „ein" bei Mehrzahlwörtern. Es handelt sich um einen sogenannten Pluralartikel, der bei unbestimmten Mengenangaben auftritt.

Um diesen markanten Gebrauch bei den Gewährspersonen im ganzen Untersuchungsraum abfragen zu können, hatte sich die Projektgruppe Ostbairischer Sprachraum folgende Testsätze zurechtgelegt: „Der Hund hat (oi) Flöhe", „Der hat (oi) große Hände" und „Wir haben (oi) große Kartoffeln". Und wirklich zeigte sich, dass außerhalb des oben genannten Gebietes der Gebrauch von „oi" als Pluralartikel unbekannt ist. „Hã-ea-e-oi-Joa-oã-Oa-oe" kann also nur einer gesagt haben, der ursprünglich aus dem umgrenzten Bereich stammt.

Nicht immer aber geht es im Bairischen so fremd zu. Ging es früher um eine Menge von 60 Eiern, kannte man in der Mundart wie im gesamten deutschen Sprachraum den Ausdruck „ein Schock Eier"; sprach man von zwölf Eiern, war dies allerdings kein Dutzend, sondern ein „Schilling".

Ein besonderes Ei ist das aus Gips bestehende „Nest-Ei, das die Hennen motivieren soll, direkt daran ihre Eier zu legen und nicht weit verstreut irgendwo im Stall oder gar im Außenbereich. Deshalb wird es auch gern „Legei" genannt oder aber – wegen seiner harten Konsistenz – „Steinei". Daneben findet sich aber noch das „Pilgei", auf gut Bairisch das „Bejgoa", „Builoa" oder auch „Bioa". Woher das Pilgei seinen Namen hat, lässt sich nicht abschließend klären. Manche Wörterbücher vermuten, dass die Bedeutung von „Bild" dahinter steckt, andere wiederum sehen es von „B(e)il(e)gei" kommend. Wenn die Eier am Karsamstag gefärbt und am Ostersonntag in der Kirche geweiht sind, steht im Laufe des Tages das „Eier pecken" an, ein Brauch, bei dem Familie und Freunde mit dem eigenen Ei dem andern das Ei vorne und hinten einklopfen. Das ist natürlich ein kurzer Spaß, wenn sich auch ein gefärbtes Pilgei ins Körbchen gemogelt hat und der Eier-Pecker damit unfehlbar durchschlagenden Erfolg hat.

Hineingemogelt hat sich das Ei in einen Ausdruck, der von der Bedeutung her gar nichts mit Eiern zu tun hat – außer vielleicht mit dem Eiweißgehalt. Die Rede ist vom „Oarlkhas" („Eierlkäse"), einem weiteren Ausdruck für den „Topfen". Dieser Frischkäse wurde früher – und mancherorts auch noch heute – hausgemacht. Dazu brauchte man eine sauer gewordene Frischmilch wie den „Selbern" oder „gestöckelte Milch", die so lange stehen gelassen wird, bis sich die Käsemasse von der Molke absetzt. Die Käsemasse wird durchschnitten und zerkleinert, in ein Seihtuch gegeben, bis sich ein fast trockener Frischkäse bildet, dessen kleine Bröckchen eiförmig aussehen. Bekannt ist der „Oarlkhas" vor allem im nördlich der Donau gelegenen Teil des Landkreises Deggendorf.

Weniger im bildlichen Sinne als unter dem Aspekt der Rezeptur findet sich das Ei von Nord nach Süd im „Oaweckal" oder „Oaspitzl", einer Semmelart, die Milch und Eier enthält und mit einem Spalt versehen war. Östlich der Ilz, im Bereich des ehemaligen Hochstifts Passau, sucht man allerdings vergeblich nach dem „Oaweckal". Ein Zeichen, dass dort traditionell keine solchen Semmeln gebacken wurden.

Doch das „ei" nistet sich ja auch in Wörtern ein, die mit dem konkreten „Ei" gar nichts zu tun haben. Gerne wird an den Gästen aus dem nichtbairischen Sprachraum etwa der „Eichkätzchenschweif" getestet – die entlockte Aussprache („oa"/„oi") wahlweise als „Oachkhatzl" oder „Oichkhatzl" sollte sich möglichst 1:1 mit der „einheimischen" Aussprache von „Leiter", „heiter", „Eiche", „Geißel" oder auch „Seife" decken. Deren „ei" stammt sprachhistorisch aus dem Mittelhochdeutschen. Die Verteilung der „ei"-Aussprache zieht sich als Grenze vom Osten des unteren Bayerischen Waldes an der Donau entlang aufwärts und bei Straubing nach Westen führend bis in den Eichstätter Raum. So ergibt sich entweder „Loata", „hoada", „Oacha", „Goaßl" und „Soafa" südlich dieser Linie oder aber „Loita", „hoida", „Oicha", „Goißl" und „Soifa" oberhalb davon.

In einsilbigen Wörtern wie „Geiß", „Schweif", „Laib", „Teig", „breit" und „heiß" hingegen bleibt der mittelhochdeutsche „ei"-Wert durchweg bairisch „oa"; „Schwoaf", „Loab", „Toag" und lautliche Kollegen können jedoch in einem kleinen Bereich zwischen Regensburg und Cham mit zu „ua" gehobenen „Schwuaf", „Luab", „Tuag" etc. daherkommen.

Eieiei – wer hätte gedacht, dass in dem kleinen Ei so viele Dialekt-Schätze stecken?

Brinnroud bisd am Bugl

Farben erfahren durch einfache Adjektive eine grobe Einteilung: Blau, rot, grün, gelb, schwarz, etc. Diese reicht jedoch nicht aus, um die vielfältigen Farbschattierungen zu beschreiben. Dafür steht der Sprache eine im wahrsten Sinne „bunte Palette" an Kombinationen von Vergleichsobjekt und Farbadjektiv zur Verfügung: Moosgrün, grasgrün, blutrot, rabenschwarz, kohlschwarz, himmelblau, schneeweiß und viele mehr.
Das Bairische bedient sich ebenfalls dieser Palette, wenngleich oftmals mit lautlichen Abweichungen. „Bluaroud is a oglofa", hier hat das Bezugswort „Blut" der leichteren Aussprache wegen den Endkonsonanten eingebüßt. Einen ebenfalls intensiveren Rotton bezeichnet man im Bairischen mit „brinnroud", zum Beispiel bei sonnenverbrannter Haut: „Brinnroud bisd am Bugl", dabei ist eine erhöhte Oberflächentemperatur quasi schon mitbezeichnet.
„Rabenschwarz" und „kohlschwarz" finden ihre farbliche Steigerung in „kohlrabenschwarz" – im Bairischen ist zwar die gedankliche Anbindung an das Schwarz der Kohle und des Raben vorhanden, lautlich scheint das Farbadjektiv jedoch eher dem Gemüsegarten entlehnt: „Khoirawischwoaz". Damit kann man die Farbe von vielerlei Dingen beschreiben: Haare, Kleidung, Dunkelheit – auch Haut: In der „Geschichte von den schwarzen Buben", Bestandteil des Kinderbuchklassikers „Der Struwwelpeter", heißt es in der bairischen Version von Spinner/Sauer in der Szene, in der sich die anderen Buben – Luggi, Kaschpa und Willi – über den Dunkelhäutigen lustig machen: „De plärrn und lachan unscheniert den Nega aus, der rumspaziert, koihrapperlschwoaz als wia poliert". Bei „Rapperl" handelt es sich entweder um eine mundartliche Variante von Rabe oder es ist am „Rappen", dem schwarzen Pferd orientiert. Sozusagen das Gegenteil davon, nämlich „kaasweis/kaaswäs" bezieht sich fast ausschließlich auf die Hautfarbe und dabei vor allem auf die Gesichtsfarbe: „Kaaswäs is a woan voa lauta Schrocka". Der Bezug zur Farbe von Käse ist offensichtlich und nachvollziehbar.
Unklar dagegen ist die Herkunft von „kis", das in der Mundart ebenfalls Farben spezifiziert. „Saukhoid is's, mane Finga hand scho kisblo". Gemeint ist die bläuliche Verfärbung der Haut bei Kälte. Dieser Ausdruck ist sicherlich veraltet – man beachte auch die nicht mehr gebräuchliche monophthongische

Form „blo" –, ist im passiven Wortschatz jedoch durchaus vorhanden. J.A. Schmeller führt im „Bayerischen Wörterbuch" neben „kisblo" auch „kisgra" („-grau") an, beides mit der Bedeutung „blau bzw. grau vor Frost". In anderen Wörterbüchern wie zum Beispiel dem „Deutschen Wörterbuch" von Jacob und Wilhelm Grimm findet man diese Farbbezeichnung unter dem Stichwort „kitz", auch hier unter anderem für die bläuliche Hautverfärbung bei Kälte, jedoch heißt es im Grimm'schen Wörterbuch „was in dem kitz steckt, bleibt zu ermitteln". Ludwig Zehetner erwähnt im „Bairischen Deutsch" ebenfalls „kitzgrab", allerdings in der Bedeutung „ergraut" in Bezug auf die Haarfarbe. Wohl in Analogie zu „kisblo" kennt man in der Mundart auch „gitzgejb" für einen kräftigen, grellen Gelbton. An der Farbe des Eidotters orientiert sich „gackerlgejb", das eher negativ konnotiert ist und von Ludwig Zehetner entsprechend als „satt, auffallend hässlich gelb" vermerkt ist.

Mia hamma gschwistaradkina

„Wos is schej und wos kimt deier? A richtige Familienfeier!" – so bringt es Toni Lauerer auf den Punkt: Es ist ein schönes Ereignis, wenn aus freudigem Anlass die gesamte Verwandtschaft zusammenkommt. „Verwandtschaft", im Hochdeutschen wie auch im Dialekt, kommt von „verwenden", „sich zuwenden" und ist im Sinne von „Familienzugehörigkeit" gebräuchlich. Von althochdeutscher Zeit (ca. 800-1050) her war diese Bedeutung von dem Ausdruck „Freundschaft" besetzt: Althochdeutsch „Friunt" stand sowohl für die Bluts- und Heiratsverwandtschaft als auch für „Freund, Gefährte", zum Mittelhochdeutschen (ca. 1050-1350) hin überwog die Bedeutung „Verwandter". Erst ab dem 15./16. Jahrhundert dominierte der Ausdruck „Verwandtschaft" über „Freundschaft" und mit der Entwicklung der einheitlichen hochdeutschen Sprache blieb nur „Verwandtschaft" als Bezeichnung für die Familienzugehörigkeit.

Im bairischen Dialekt ist „Verwandtschaft„ („Vowandschoft") ebenfalls der gebräuchliche Ausdruck, aber auch „Freundschaft" ist in dieser Bedeutung erhalten geblieben, hauptsächlich mit der lautlichen Realisierung als „Froindschoft", und „Freindschoft", vereinzelt auch als „Froandschoft", häufig sind die Zwielaute auch nasaliert, zum Beispiel „Frõĩdschoft". Diese Lautvarianten sind fast in ganz Niederbayern wenigstens noch als früher übliche Bezeichnung bekannt, von überwiegend älteren Mundartsprechern sogar noch in Gebrauch: „De ganze Frõĩdschoft is do gwen", zum Teil auch als Kurzform „B'Frõĩd hamma (dunkles „a") eiglond". Zudem gibt es auch die adverbiale Verwendung „freund sein", das heißt hier „verwandt sein": „Mid dene hamma (helles „a") fei frõĩd". Weitere Bezeichnungen für die Verwandtschaft, die aber recht selten vorkommen und als eher abwertend einzuordnen sind, sind „Sippschoft", „Blosn" und „Rass".

Die nächsten Verwandten sind Eltern und Kinder. Während Vater und Mutter heute in den meisten Teilen Bayerns flächendeckend „Bap", „Bapa" und „Mam", „Mama" genannt werden, war früher allgemein „Vata, Vota" (mit kurzem „a"/„o") geläufig, auch „Vōda" (mit langem „o"), was aber zum

Teil als abwertend, respektlos empfunden wird. Hauptsächlich nördlich der Donau war „Dat“ (mit hellem kurzem „a“) verbreitet. Für die Mutter war auch schon früher „Mam“ bekannt, meist wurde sie jedoch mit „Muata“ (kurzer Zwielaut) oder „Muada“ (langer Zwielaut) angesprochen, wobei Letzteres auch einen eher despektierlichen Beigeschmack hat. Bei der Bezeichnung für „Kinder“ gibt es im Bairischen nur geringe lautliche Unterschiede: In der Mehrzahl „Kinda“ und „Kīna“, in der Einzahl „Kind“ und „Kī“. Geschlechtsspezifisch wird differenziert in „Bou/Bua“ und „Deandl“, „Diandl“, „Mensch“ (in Niederbayern nur ganz im Osten), „Moidl“ (vereinzelt südlich der Donau und ganz im Westen).

Die Großeltern sind für die Kinder heute auch in der Mundart „Oma“ und „Opa“. Ein, zwei Generationen früher waren diese Bezeichnungen eher die Ausnahme, üblich war neben „Grosvata“ und „Grosvōda“ hauptsächlich nördlich der Donau „Ēl“ (mit lan-gem „e“-Laut) und neben „Grosmuata“ und „Grosmuada“ die „Āl“ (langes helles „a“), wobei die Vokale zum Teil auch nasaliert gesprochen wurden. Die beiden Ausdrücke leiten sich vom althochdeutschen „ano“ und „ane“ für „Ahn, Vorfahre“ her. Im Mittelhochdeutschen standen die Formen „ane, an, ene“ nebeneinander, woraus sich im Rahmen einer komplexen Lautentwicklung „Ēl“ für den männlichen und „Āl“ für den weiblichen Großelternteil manifestierte. Ganz im Westen Niederbayerns sind – wenigstens in der Erinnerung älterer Mundartsprecher – „Ōhea“ und „Ōfrau“ (jeweils mit Betonung auf „Ō“) zu finden, welches sich herleiten lässt vom mittelhochdeutschen „anhërre“ und „anvrouwe“ („Ahnherr“, Ahnfrau“). Dies führt uns wieder zum heutigen „Opa“ und „Oma“: Die Herkunft des „O“ in „Opa“ und „Oma“ könnte mit der dialektalen Realisierung des mittelhochdeutschen „an-“ für „Ahn-“ wie in „Ōhea“ und „Ōfrau“ erklärt werden. Meist werden „Opa“ und „Oma“ jedoch als der Kindersprache entspringende Kurzformen interpretiert: Das „O“ würde als leicht sprechbarer Vokal aus „Groß-“ entnommen und der Silbe „-pa“ bzw. „-ma“ von „Papa“ und „Mama“ vorangestellt.

„Geschwister“ (mittelhochdeutsch „Geswister“, in der Mehrzahl auch „Geswisterde“) heißen in der bairischen Mundart ebenfalls „Gschwista“, sehr häufig wird auch die Endsilbe „-rad“ angehängt, was eine Art Sammelbegriff, nämlich „Gschwistarad“ erzeugt, wie es etwa auch bei „Kraudarad“ oder „Glumparad“ der Fall ist.

Die verwandte Person, meist aber die verwandtschaftliche Beziehung meint der mundartliche Ausdruck „Gschwistaradkīna“, vereinzelt auch „Gschwistakīna“: Von der Eltern-Ebene aus sind Neffen und Nichten gemeint: „Des hand Gschwistaradkīna“ (das heißt „ nicht unsere Kinder, sondern die Kinder unserer Geschwister“). Aus Sicht der Kinder-Ebene wird durch adverbiale Verwendung des Ausdrucks die verwandtschaftliche Beziehung beschrieben: „Mia hamma (helles „a“) gschwistaradkina“. „Gschwistaradkīna“ ist bereits im Mittelhochdeutschen belegt mit „Geswisterdekint“ und bis heute mit einem Stichwort im Duden vertreten, wo es allerdings als veraltet und nur noch regional gebräuchlich beschrieben ist.

Da Oasiedl vo Bong hot Hoizscheidl glom

Während der winterlichen Heizperiode genießt man immer gerne die heimelige Wärme und die Gemütlichkeit, die ein Holzofenfeuer ausstrahlt. Dieser Genuss erfordert jedoch eine Menge Vorarbeit. Nachdem der Baum gefällt, abtransportiert und zum Beispiel auf Meterstücke zerkleinert ist, werden diese entweder auf ofengerechte Stücke zersägt und dann gespalten oder zuerst längsgespalten und anschließend zersägt. In jedem Fall heißt der Vorgang des Spaltens in der bairischen Mundart „kluim", das von mittelhochdeutsch „klieben" kommt. Das Ergebnis dieser Tätigkeit sind „Scheida" oder „Schäda" für die Meterstücke und „Scheidl" oder „Schädl" für die ofenfertigen. Diese Bezeichnung lässt sich von mittelhochdeutsch „Schît" herleiten.

Ofenholz wird auf Vorrat gefertigt und gelagert, die Holzscheite werden als Holzstöße angeordnet, die im Bayerischen Wald „Scho" oder „Schor" (mit zum „a" tendierenden „o"-Laut) genannt werden, im unteren Wald kennt man die „Hoizleg" und den „Hoizstous". Südlich der Donau, ganz im Westen ist ebenfalls der „Hoizstous" üblich. Im Gebiet zwischen Laber und Vils bzw. Rott dominiert für den Holzstoß die Bezeichnung „Tristen", das wohl auf mittelhochdeutsch „trestern" in der Bedeutung „sich aufhäufen" zurückzuführen ist. An entsprechenden Mundartformen sind „Dristan", „Dristn" und „Driasch" zu hören, jeweils mit Betonung auf der ersten Silbe. Im östlichen Bereich südlich der Donau wird das Holz zur „Zei" („Zeile") aufgeschichtet.

Auch die Tätigkeit des Holzaufschichtens hat eine eigene, regional unterschiedliche Benennung. Im oberen Bayerischen Wald werden die Scheite angerichtet oder aufgerichtet: „Hoizarichtn" (nasaliert gesprochenes „a") oder „Hoizafrichtn" heißt hier die den Rücken strapazierende Arbeit, im unteren Wald dagegen „Hoizlegn". Südlich der Donau im Westen spricht man vom „Hoizorichtn", südlich der Isar vom „Hoizaufrichtn".

Bevor die Holzscheite im Ofen für die erwünschte Wärme sorgen können, braucht es kleinere Holzteile, um das Feuer erst einmal zu entfachen. Die

Mühe, zu diesem Zweck Reisig zu sammeln, macht sich heute kaum mehr jemand. Das grüne Reisig wurde auf die geeignete Länge gekürzt. Nördlich der Donau wird das grüne „Grassad“ (von dem mittelhochdeutschen Kollektivbegriff „Grazzach“ mit der Bedeutung „Sprossen oder junge Zweige vom Nadelholz) vom dürren „Reisa“, „Reisad“ oder „Greisarad“ unterschieden. Südlich der Donau sind die Bezeichnungen diffuser: Im Westen kann das „Grassad“ sowohl grün als auch dürr sein; im östlichen Bereich kann „Reisa“ für beides stehen. „Wid“ bezeichnet zwischen Isar und Rott grünes Reisig im Gegensatz zum dürren „Reisarad“. Im Gebiet der niederbayerischen Isar kennt man auch die „Gartn“ (mit hell gesprochenem „a“, „Gerte“). Im Grenzgebiet zu Oberbayern tritt vereinzelt auch der Ausdruck „Dächsen“, mundartlich „Daksn“ (mit hellem „a“) auf. Bei allen Benennungen außer „Grassad“ werden Laub- und Nadelbaumreisig nicht immer exakt unterschieden.

War das Reisig gesammelt und gekürzt, musste es noch zu Bündeln zusammengebunden werden, um es stabil lagern und bei Bedarf transportieren zu können. Auch hier variieren die Bezeichnungen auf niederbayerischem Gebiet: Nördlich der Donau herrscht im oberen Wald „Bürd“ in mundartlichem „Reisbiad“ vor, im unteren Wald eher die „Burd“, mundartlich „Buad“, „Reisabuad“, ebenso südlich der Donau im Gebiet südlich der Vils. Zwischen Vils und Laaber dominiert die Verkleinerungsform „Bürdl“, mundartlich „Reisabial“, „Schdudsbial“ („Stutzbürdl“). Alle diese Bezeichnungen gehen wohl auf mittelhochdeutsch „Bürde, Burd“ zurück, wobei es aufgrund der lautlichen Ähnlichkeit mit „Bündel“ zu einer Bedeutungserweiterung hat kommen können. Ganz im Westen, nördlich des Laaber-Gebietes werden die Reisigbündel „Baischal“ genannt, als Verkleinerungsform von „Bauschen“. Im Bayerischen Wald kommt vereinzelt auch die Bezeichnung „Binkel“ (soviel wie „Bündel“), mundartlich „Reisabinkl“ vor.

Diesem Aufwand lässt sich heutzutage leicht aus dem Weg gehen, denn Baumärkte und Supermärkte bieten abgepacktes, fertiges Anzündholz zum Verkauf an. Wer sein Brennholz selber spaltet, erhält als Abfallprodukt Späne, mundartlich „Spa“ (nasaliertes „a“), oder spaltet gezielt solche von Holzscheiten ab, denn die Späne eignen sich ebenfalls hervorragend zum Anheizen.

Dabei fallen noch sehr viel kleinere Holzteile an, die aber weniger zum Heizen geeignet sind, sondern häufiger zu kleinen oder größeren Verletzungen führen können. Die kleinen Holzsplitter werden in der Mundart „Schiefen" oder „Schieflen" (mittelhochdeutsch „Schiver, Schever", auch hier schon in der Bedeutung „Stein- oder Holzsplitter") oder „Zweg" (mittelhochdeutsch „Zwec", hier aber noch in der Bedeutung „Nagel aus Holz") genannt.

Dass das Holzspalten mitunter nicht ungefährlich ist und man dabei doch eine gewisse Technik beherrschen sollte, musste der Einsiedlermönch am Hang des Bogenberges erfahren, dessen Missgeschick unter anderem auch von der Gruppe Haindling zusammen mit Hubert von Goisern zum „Holzscheitl-Rap" verarbeitet wurde:

Da Oasiedl vo Bong
hot Hoizscheidl glom
und hod si an Schiefing
in Osch einizong.

Da Mesna vo Krailing,
a kreizbrava Mo
der hod eam den Schiefing
vom Osch aussa do.

Du Mesna vo Krailing,
du grundschlechta Mo
warum host ma den Schiefing
so schmerzhaft raus do?

Du Oasiedl vo Bog'n,
des Schimpfa lass sei,
sunst steck a da den Schiefing
in'n Osch wieda nei.

Russnhoiwe

Erfrischungsgetränke sind vor allem in der warmen Jahreszeit sozusagen in aller Munde. Was heute die Modegetränke „Hugo“ und „Sprizz“ sind, waren vor einigen Jahrzehnten das „Kracherl“ und das „Gwasch“, natürlich ohne Alkohol. Die Bezeichnung „Kracherl“ geht zurück auf die Zeit, als die Limonade in Kugelverschlussflaschen abgefüllt wurde. In der Flasche drückte die Kohlensäure eine Glaskugel nach oben in den Flaschenhals. Um an den erfrischenden Inhalt zu kommen, wurde die Kugel mit dem Daumen eingedrückt, und das hat einen „kleinen Krach“, ein „Krächlein“ verursacht. Das „Gwasch“ ist die Mischung aus Limonade und Cola, heute „Spezi“.

J.A. Schmeller schreibt in seinem Bayerischen Wörterbuch dem „Gewäsch“ die Bedeutung „Geschwemme, zu dünn Ausgefallenes, z. B. Brühe, Bier“ zu, welche auf das süße Mischgetränk übertragen wurde, da ja hier beide Bestandteile verdünnt wurden. Im heutigen Sprachgebrauch wird „Gwasch“ in der Schmeller'schen Bedeutung allgemein für dünne, wässrige Getränke aller Art in abwertendem Sinn verwendet.

Auch alkoholhaltige Mischgetränke haben sich seit Beginn des vergangenen Jahrhunderts in Bayern und darüber hinaus etabliert. Das „Radler“ gibt es mindestens seit ca. 1900, denn über diese Zeit berichtet die bayerische Schriftstellerin Lena Christ, dass in München neben anderen Getränken auch „Radlermaßen“ ausgeschenkt worden sind. Dieser literarische Beleg widerlegt die Legende von der „Kugler-Alm“, nach der an einem sommerlichen Wochenende im Jahre 1922 so viele durstige Freizeit-Radfahrer die Wirtschaft von Franz-Xaver Kugler bei Deisendorf zum Ziel hatten, dass diesem das Bier knapp wurde, er es daher mit „Zitronenkracherl“ streckte und dies seinen Gästen als eigens für die Radfahrer kreierte Mischung anpries.

Auch das Weißbier wird vielfach gemischt, zum Beispiel mit Cola oder Saft. Die bekannteste Mischung dürfte wohl auch hier diejenige mit dem „Zitronenkracherl“ sein, die „Russnmaß“ oder „Russnhoiwe“ genannt wird. Auch diese Namensgebung hat eine Geschichte: Im Zuge der Novemberrevolution nach dem 1. Weltkrieg, in der Zeit der Räterepublik also, wurde der Mathäser-Bräu in München von den Kommunisten als Hauptquartier gewählt und besetzt. Entweder aus Bierknappheit oder aber um die Aufmerksamkeit und Einsatzfähigkeit der Soldatenräte und der Wachen nicht zu schmälern, wurde für sie das Weißbier mit Limonade verdünnt. Aufgrund ihrer politischen Gesinnung wurden die Revolutionäre „Russen" genannt und diese Bezeichnung ging schließlich auf die speziell für sie zusammengestellte Mischung aus Weißbier und Kracherl über.

Bier in unvermischter Form gibt es seit keltischer Zeit. Die Bezeichnung ist – von geringen lautlichen Abweichungen abgesehen – nicht nur in Bayern, sondern im gesamten deutschsprachigen Raum dieselbe: „Bier". Auch schon im Mittelhochdeutschen hieß es „Bier", im Althochdeutschen „Pior, Bior".

Bier zählt zu den beliebtesten Getränken überhaupt. Doch wird es nicht nur von Genießern konsumiert, sondern vielfach auch unkontrolliert getrunken, von den unerfreulichen Folgen ist fast täglich in der Presse zu lesen. Sarkastisch mutet in diesem Zusammenhang die Redensart an: „Bessa z'tout gsuffa wej z'tout gmaht! Braucht ma ned so oft dengln und wetzn!"

Wejstme in dWent dro host bejtzt so sauwa, is vobei gwen der graislane Zauwa

Die deutsche Grammatik unterscheidet flektierbare und unflektierbare Wortarten, das heißt solche, die ihre Form verändern und solche, die das nicht tun. Flektierbar sind zum Beispiel Substantive, Adjektive und Artikel, die je nach Geschlecht, Fall und Zahl variieren: Aus den Grundformen „Apfel“ und „grün“ wird so „der grüne Apfel“, „die grünen Äpfel“, „den grünen Äpfeln“. Verben passen sich der Person an, auf die sie sich beziehen: „Ich gehe, du gehst, er geht, wir gehen, ihr geht, sie gehen“. Zu den nicht flektierbaren Wortarten zählen zum Beispiel Präpositionen wie „in“, „auf“, „an“, „unter“ und Konjunktionen wie „aber“, „weil“, „wenn“ oder Fragewörter, zum Beispiel „warum“, „wer“, „wie“.

Was die flektierbaren Wortarten anbelangt, ist es im Dialekt genauso, auch hier verändern sich „Opfe“ und „grea“ entsprechend, ebenso die Verben: „i ge“, „du gesd“, „er ged“ usw. Unter den unflektierbaren Wortarten sind auch die Präpositionen im Dialekt nicht veränderbar. Anders verhält es sich mit den Konjunktionen: Was in der Standardsprache nicht möglich ist, ist im Dialekt ein Muss. Nebensatzeinleitende Konjunktionen brauchen im Bairischen bei der 2. Person Singular und Plural und bei der 1. Person Plural eine Flexionsendung wie das Verb. Formulierungen wie „wenn du moang kimst“, „waa es ned mikts“ oder „ob mia midgengand“ sind für einen Mundartsprecher nicht authentisch und inakzeptabel. Mit Flexionsendung sieht die Sache komplett anders aus: „wennst du moang kimst“, „waas es ned mikts“, „obma mia midgengand“. Erst jetzt sind diese Konstruktionen mundartlich korrekt. Wird das Personalpronomen weggelassen, ändert sich bedeutungsmäßig nichts: „wennst moang kimst“, waas ned mikts“, obma midgengand“, ein Zeichen dafür, dass die Endungen der Konjunktionen dieselbe Funktion erfüllen wie die Flexionsendung der Verben, nämlich die Zuordnung des Wortes zu Person und Zahl. Im Hochdeutschen undenkbar, ist dies im Bairischen obligatorisch bei allen Konjunktionen und Fragewörtern in dieser Position: „Sog hoid wejvejst krejgst“ fragt man nach dem Preis bei einem Kauf, „sog hoid wejst hoist“, „…wejlangst no brauchst“, „…weast du bist“, „i woas ned, weas es sats“, „moinst du, dassma mia des kaffand“, „wos moinst, wejweitma mia ge kinnand“, „…warumma mia scho gengand“, „i woas ned, obs es des kennts“, „seitma mia da hand“ – man könnte die Reihe noch lange fortsetzen.

Auch in literarischen Texten, die sich in sprachlicher Hinsicht authentisch dialektal präsentieren wollen, finden sich derartige Konstruktionen häufig. Oskar Maria Graf lässt im „Bayrischen Dekameron“ den Barthl sagen: „Lang schau i nimmer zua, Rosl, wiast du mit dem Saukerl pussierst … I sog dir’s, i häng mi glatt auf, wennst du mir untrei werst!“ Max Peinkofer reimt in „Auf zur Dult“: „Da heraußt kannst fressn, saufa, ois, wasd haben willst, kannst kaufa“. In Hugo Pokornys „Da Brozn-Kine“, der bairischen Version des Grimm’schen Märchens vom „Froschkönig“ ruft der zurückverzauberte Prinz aus: „Wejstme in dWent dro host bejtzt so sauwa, is vobei gwen, der graislane Zauwa!“ Auch in so manchem „Bauernseufzer“ von Josef Fendl taucht diese bairische Eigenheit auf: „Vo dir kann’s Deandl d’Bosheit net haben“, hat dersell Bauer zu seim Wei gsagt, „weilst as du no hast!“

Schau den damischen Deife o!

Der Teufel muss im Bairischen für vieles herhalten. Ekel, Anerkennung, Mitleid, Spott – überall hat er die Hand im Spiel. „Pfui Deife!“ ruft man aus, wenn man etwas Abstoßendes sieht, riecht oder schmeckt. „Dea hods ned leicht, des is an oama Deife“ heißt es von jemandem, der Schwierigkeiten verschiedenster Art hat und sich schwer tut im Leben. „Is des a wejda/wuida Deife!“ sagt man über eine besonders hässliche Person, aber auch mit leichter Bewunderung über jemanden, der sich mehr traut als andere und über die Stränge schlägt. „Schau den damischn Deife o!“ drückt einerseits ein wenig Achtung vor dem Tun des Angesprochenen aus, andererseits aber auch die Missbilligung seines Treibens. „Mei, bisd du a dumma Deife!“ zeugt nicht gerade von Hochachtung für sein Gegenüber.

Auch verschiedene Redensarten haben einen teuflischen Kern: „Deife dauschn“ erklärt J.A. Schmeller in seinem Bayerischen Wörterbuch mit „beym Tausche nichts besseres bekommen“, was die Bedeutung wohl genau trifft. Manche Arbeiten gehen einem leicht von der Hand, bei anderen dagegen klappt nichts so, wie es sollte. Da könnte man schon auf die Idee kommen, dass übernatürliche Kräfte am Werk sind: „Des hod an Deife gseng!“ Gibt einer sein Bestes und geht zum Beispiel im sportlichen Wettkampf an seine Grenzen, so tut der das – laut Redensart – nicht zuletzt auch, um den Teufel zu provozieren: „Da Neureuther is wieda gfon af Deife kimm aussa!“

Eine feste Größe ist der Teufel auch in der bairischen Sagenwelt, davon zeugt die umfangreiche Sammlung von Prof. Reinhard Haller, aus der die nachfolgenden Beispiele entnommen sind. Für seine Auftritte wählt der Teufel besonders gerne Brechhäuser aus. Hier wurde früher Flachs gebrecht – nicht gebrochen, man muss sprachhistorisch bis ins Althochdeutsche zurückgehen, um den Unterschied festzumachen: „prĕchôn“ („brechen – gebrecht“) und „prĕchan“ („brechen – gebrochen“). Nach getaner Arbeit wurde in den Brechhäusern manchmal musiziert, gesungen und getanzt oder Karten gespielt. Bei dieser Gelegenheit gesellte sich dann oft der Teufel dazu, war aber als solcher zunächst nicht zu erkennen. Er kommt als „schneidiga Jaaga“ oder als „feina

Herr mi am grean Tirojahuad und ana Henafedan draf" oder „midana greana Montur, wej a Jaaga, an Gamsbord om, a sechana sauwana Mo!" Er erweist sich dann als exzellenter Kartenspieler oder gebärdet sich als ausdauernder, temperamentvoller Tänzer, der gut bei den Frauen ankommt, aber über kurz oder lang verrät sich seine Identität durch bestimmte Merkmale, meist ist es der „Rooshaxn" oder ein „Goasglewe", manchmal hat er auch „an hejzaran Fous/Fuas". Bei anderen Gelegenheiten enttarnt er sich durch den „gliaradn Schwoaf" oder durch „Heana". Auch in tierischer Gestalt erscheint er, zum Beispiel als „Nodan, wej a Wischbaam so grous" oder als Hund, und selbst der hat „drei Hundshaxn und oan Goashaxn".

Beim Namen wird er nicht gerne genannt, wenn über ihn erzählt wird, dementsprechend phantasievoll und vielfältig sind die Umschreibungen: „Da Schwoatz", „da Leibhaftige", „da Anda", „da Ganzanda", „des is oana gwen vo da andan Seitn", „da Hoanade", „da Gliadsakra" , „Schbidsbou", „koa Gscheida" oder „da Gankal", was nach dem Deutschen Wörterbuch von J. und W. Grimm auf mittelhochdeutsch „kanker", „eine Art Spinne" zurückgehen könnte, oder aber auf mittelhochdeutsch „gengelære" (althochdeutsch „gangarari", „Umherziehender, Landfahrer").

Die Verkleinerungsform auf „-al" scheint der Teufelserscheinung ein wenig Ernsthaftigkeit zu nehmen, dies verstärken noch erweiterte Formen wie „Girigankal" und „Spirifankal" („fankal" steht in Zusammenhang mit „Funken sprühen"), wobei für „Giri" bzw. „Spiri" kein sprachhistorisch entsprechendes Wort zu finden ist, vielmehr wird so lautmalerisch das Ungreifbare, sich schnell verflüchtigende Wesen der teuflischen Erscheinung beschrieben. Gleiches gilt für die Umschreibungen „da Wariri" und da „Grauwaukal".

Ein Indiz für die Anwesenheit des Teufels ist seine Hinterlassenschaft: Während einer verbotenen Tanzgesellschaft zum Beispiel entweicht der Teufel durch den Rauchfang und die Tänzer „hamd se nimma hoidn kinnt vor lautan Gschdang". Bei anderer Gelegenheit wird er mit Weihwasser vertrieben und „hod no recht vej Gschdang hintalossn" oder er „duad fuat mit Duft und Deife". Hier schließt sich der Kreis gewissermaßen mit dem Ausruf „Pfui Deife!".

Hintergrund für Teufelserzählungen ist sehr häufig ein erzieherischer Aspekt, der Teufel zeigt sich nämlich vor allem dann, wenn etwas – vornehmlich durch die Kirche – Verbotenes getan wird: Kammerfensterln an einem Feiertag wie Allerheiligen, Grasmähen, Schatzsuchen oder sonstige Arbeiten während der Fronleichnamsprozession, Tanzen, Kartenspielen oder Eisstockschießen in der Mettennacht. Wer sich durch solcherlei Tätigkeiten davon abhalten lässt, an den Feiertagen den Herrgott zu ehren, sollte damit rechnen, dass ihm der Teufel auf die Finger klopft.

Besonders deutlich kommt die pädagogische Komponente der Teufelserscheinung bei einer Begebenheit mit einer Bäuerin zum Ausdruck, die am Heiligen Abend Krapfen backt, anstatt die Christmette mitzufeiern: „Schreit aa ned da Deife vom Raufang aussa: Oide Frettn, geh int Mettn, boch deine Kropfan noch da Mettn!“

Elfriede Holzer, Bodenmais.

Abitur am Gymnasium Viechtach, Studium der Deutschen Sprach- und Literaturwissenschaft und Psychologie an der Universität Passau. Ab 1988 wissenschaftliche Mitarbeiterin am Lehrstuhl für Deutsche Sprachwissenschaft in Passau und Mitarbeiterin am Forschungsprojekt „Sprachatlas von Niederbayern". Von 1994 bis 2006 freiberufliche Mitarbeit an dialektologischen Projekten an der Universität im Rahmen von Werkaufträgen und Erstellung eines Bandes „Sprachatlas von Niederbayern". Seit 2003 selbstständig mit einem Schreibbüro mit Schwerpunkten im medizinischen Bereich und freiem Lektorat. Seit 2012 Hauptautorin der PNP-Dialekt-Serie „Auf Bairisch gsagt" und seit 2022 Mitarbeit bei der Mundartlichen Ortsnamenerfassung, einem Projekt der Bayerischen Akademie der Wissenschaften. Also immer die Mundart im Blick und im Ohr, dahoam im Woid.

ChriSch
Christian Schmidt, Rabenstein.

Ausbildung zum Glasgraveur an der Staatlichen Glasfachschule in Zwiesel, Beschäftigung in verschiedenen Glashütten. Dann 1986 die eigene Werkstatt: Außerhalb kommerzieller Zwänge kann Christian Schmidts Phantasie direkt auf das Glas fließen. Mit seinem Gravurrad gibt er ihr Flügel, Schnäbel, Gliedmaßen, Flossen und Gesichter und kreiert so sein unverwechselbares Markenzeichen: eindrucksvolle, ausdrucksvolle Phantasiegestalten mit hypnotisierendem Blick, die er auch auf Papier heraufbeschwört. In vielen Städten Europas, in den USA und in Japan stellt er seine beeindruckenden Werke aus. Bemerkenswert ist auch die Liste der internationalen Ehrungen und Preise, die er dafür erhalten hat. Weitgereist ist er also, der ChriSch, aber im Woid dahoam.